Meinen Eltern

*Die Gegenwart
ist das einzige,
was kein Ende hat.*

Erwin Schrödinger

Kai-Uwe Schroeter

Kann die Seele fliegen?

Von der Unsterblichkeit des Bewusstseins

Bibliographische Information der Deutschen Bibliothek:
Die Deutsche Bibliothek verzeichnet diese Publikation
in der Deutschen Nationalbibliographie;
Detaillierte bibliographische Daten sind im Internet über
<http://dnb.ddb.de> abrufbar.

ISBN 9783752639643
1. Auflage 2023
© 2023 Kai-Uwe Schroeter
Vertrieb: Libri
Herstellung und Verlag: BoD – Books on Demand, Norderstedt
Bilder: Adobe Stock. Alle Lizenzen zur Veröffentlichung beim Autor.
Titelbild: Lagunov, digital butterfly

Inhaltsverzeichnis

Vorwort

Worum geht es ?

Weißt du,
was ich heute erlebt habe?

Die Trauer am Grab ist ein Moment der Hoffnung auf ein Leben nach dem Tod.

… so fragt Bernd H. jeden Abend seine Leonie. Aber er bekommt niemals eine Antwort. Denn Bernd stellt diese Frage am Grab seiner verstorbenen Frau auf einem Friedhof in Osnabrück. Seit drei Jahren geht er jeden Abend an das Grab seiner Leonie, die bei einem tragischen Unfall ums Leben gekommen ist. Bernd geht bei jedem Wetter auf den Friedhof, ob es stürmt oder regnet. „Mir hilft es," sagt er, „aber manchmal habe ich den Eindruck, dass Leonie mich wirklich hört."

Als Pfarrer begegnen mir ganz häufig Menschen, die auf den Friedhöfen an den Gräbern ihrer verstorbenen Angehörigen stehen — und mit diesen reden, als wären sie lebendig. Manchmal werde ich sogar gefragt, was ich persönlich davon halten würde, ob das in Ordnung sei, oder nicht, oder gar ein Zeichen einer psychischen Störung. Ich antworte immer: „Es ist in Ordnung." Und das meine ich auch so. Nicht nur, weil es hilft, die Trauer zu bewältigen. Auch weil ich glaube, dass es stimmt. Es gibt tatsächlich einen Ort, an dem die Seelen unserer Verstorbenen weiterleben.

Es gibt einen Ort, an dem die Seelen unserer Verstorbenen weiterleben.

Ob die Verstorbenen uns wirklich hören, wenn wir mit ihnen reden, weiß ich natürlich genauso wenig wie jeder andere. Aber es spielt ja auch keine Rolle, ob sie uns wirklich hören. Wichtig ist für mich, dass sie uns hören *könnten*, rein hypothetisch. Denn ich bin überzeugt davon, dass keine Seele auf diesem Planeten verloren geht.

Ein Leben nach dem Tod …

ist die Hoffnung vieler Menschen. Nach einer repräsentativen Umfrage des Statista Research Department aus dem Jahr 2019 sind 35 % der Menschen in Deutschland überzeugt, dass es ein Weiterleben nach dem Tod gibt. Interessant ist, dass bei einer Befragung von Jugendlichen aus früheren Jahren der Anteil derer, die an ein Leben nach dem Tod glauben, sogar bei 50 % der Befragten liegt. [1] Ich lese aus dieser Statistik, dass die Hoffnung auf ein ewiges Leben nicht bloß bei den traditionellen Kirchgängern verankert ist, sondern ein allgemeines Lebensgefühl widerspiegelt.

nennen wir die Vorstellung, dass ein System nicht nur als Zusammensetzung seiner Teile zu betrachten ist, sondern auch als Ganzes.

Die entgegengesetzte Position ist der *Reduktionismus*, der ein System als Anordnung von Elementen betrachtet, die unabhängig von ihrem Zusammenhang analysiert werden.

Es kann sich dabei um gesellschaftliche und naturwissenschaftliche Systeme handeln, aber auch um die Versuche, Geist und Materie, Körper und Seele, Irdisches und Göttliches zusammen zu bringen.

Philosophisch hat der Holismus seine Wurzeln bei Hegel, Spinoza und Bergson. Er geht aber auf das viel ältere mythische Denken zurück, das schon seit Jahrtausenden auf die Einordnung der Teile in ein großes Ganzes ausgerichtet ist .

Ich greife den Begriff Holismus für die Idee auf, dass es nur *eine* alles umfassende Wirklichkeit gibt. Alles ist ein Teil eines Ganzen.

Die Ganzheit des Seins

Um den Leitgedanken des Buches vorweg zu beschreiben: Die Wirklichkeit ist für mich die *Ganzheit des Seins*. Damit meine ich die Einheit von Allem. Dazu gehört einerseits jener Teil der Wirklichkeit, den wir *Realität* nennen. Wir glauben, er sei uns sehr gut zugänglich. Die Naturwissenschaften haben sich seit Jahrhunderten diesem Bereich zugewandt. Andererseits wissen wir um eine *jenseitige Welt*. Sie ist unseren Augen verborgen, insofern gleicht unser Wissen einer inneren Überzeugung. Mit dem verborgenen Wissen beschäftigen sich seit Jahrtausenden die Religionen.

Mir ist es für meine persönliche Lebenseinstellung sehr wichtig geworden, dass mein Denken ein Ganzes bleibt, also nicht in eine naturwissenschaftliche und in eine religiöse Sicht der Welt zerfällt. Natürlich weiß ich von komplementären Zugängen zur Wirklichkeit, und die Trennung der Disziplinen an unseren Universitäten ist mir geläufig. Doch habe ich schon immer die hermetische Abgeschlossenheit eines Wissensgebietes mit seinen eigenen Regeln als ein Stückwerk empfunden, das einer Synthese bedarf. In mir wuchs die Überzeugung, dass es nur eine einzige Wirklichkeit geben kann, die Ganzheit des Seins.

> *Die Wirklichkeit ist*
> *die Ganzheit des Seins,*
> *die Einheit von Allem.*

Ich lade Sie in diesem Buch ein, Schritte auf dem Weg zu einem ganzheitlichen Weltbild zu gehen - auf dem Standbein einer wissenschaftlichen Bodenständigkeit und einer Verwurzelung in der christlichen Theologie. Aber auch mit dem Spielbein, wie man sagt, von Fantasie und Inspiration. Nur Wissenschaftsgläubige denken, dass die Fakten über jeden Zweifel erhaben sind.

Inspiration und Glaube

Immer wieder habe ich mich beim Schreiben des Buches gefragt: Ist das noch Wissenschaft? Oder ist es Glaube? Die Antwort auf die Frage war immer: Beides. Die Wissenschaft brauchte in jeder Epoche frische Impulse, Bisheriges in Frage zu stellen. Neues wurde oft Jahrzehnte später erst verifiziert - oder gilt bis heute als Theorie. Ob die Menschheit jemand das Ziel einer *Universal Theory*, in der alles erklärbar wird, erreichen wird, weiß ich nicht. Auf jeden Fall wird das, was bisher in den reduktionistischen Naturwissenschaften vorliegt, nicht ausreichen.

Die Geschichte der Quantenphysik stellte bereits einen wesentlichen Fortschritt auf dem Weg zu einem ganzheitlichen Weltbild dar. Sie lehrte uns, dass wir von einer tieferen Verbundenheit aller Dinge ausgehen müssen. Jener Teil der Welt, der von der klassischen Physik beschrieben wurde, ist nur *ein* Aspekt der Realität. In Wahrheit sind wir immer in den Zusammenhang eines großen Ganzen eingebunden.

Übertrage ich die Erkenntnisse der Quantenphysik in mein persönliches, von der Geisteswissenschaft geprägtes Weltbild, ergeben sich daraus Konsequenzen: Werden und Vergehen der Materie stehen in einem Zusammenhang mit Geist und Bewusstsein. Nichts ist voneinander separiert. Ich glaube, dass mein eigenes Bewusstsein Anteil an einem höheren Bewusstsein hat, an einem Ganzen, das ich als *Bewusstheit* bezeichnen möchte: den Geist des Multiversums, Gott.

Der Glaube an Gott ist für mich ein wichtiger Teil in meinem Entwurf vom Ganzen. Dabei bin ich mir bewusst, dass sich der Gottesgedanke

Geschichten ...

nennt Brian Greene die Disziplinen der Wissenschaften:

Es gibt in der Bibliothek des menschlichen Denkens kein geschlossenes Werk von letzter Weisheit. Vielmehr haben wir viele ineinander verschachtelte Geschichten geschrieben, die verschiedene Bereiche von Erkenntnis und Erfahrung berühren; Vielleicht werden wir eines Tages in der Lage sein, nahtlos zwischen solchen Geschichten zu wechseln und alle Hervorbringungen des menschlichen Geistes, reale und fiktive, wissenschaftliche und fantasievolle, miteinander zu verbinden. [1]

Eine Vision, die schon Stephen Hawking so umschrieb:
Dann werden wir uns alle mit der Frage auseinandersetzen können, warum es uns und das Universum gibt.
Wenn wir die Antwort auf diese Frage fänden, dann würden wir Gottes Plan (Geist) kennen;
im Original „to know the mind of God". [2]

Geschichten erfordern es, dass wir aufmerksam einander zuhören.

11

Fides quaerens ...

intellektum! Sagte der mittelalterliche Theologe Anselm von Canterbury. Und meinte damit: Der Glaube sucht das Verstehen.

Wer könnte dem Versuch widersprechen, den Glauben auf die Basis der Vernunft zu stellen? Doch Vorsicht! Die Versuche Anselms, Gott aus der Vernunft zu beweisen, sind allesamt gescheitert. Die Existenz eines Gottes ist durch den alleinigen Gebrauch des Verstandes nicht zu beweisen.

Über alle Zeiten hinweg ist jedoch Anselms Einsicht gültig, das der Glaubende, als derjenige, der bereits zum Glauben gekommen ist, für diesen Glauben auch ein Verstehen braucht. Sonst würde der Mensch in zwei Welten leben und, wie das Sprichwort sagt, seinen Verstand an der Garderobe ablegen, wenn er eine Kirche betritt.

Glaube muss also nicht falsifiziert werden, aber er sucht eine innere Plausibilität in Übereinstimmung mit dem Denken.

nicht von selbst ergibt. Denn niemand wird genötigt, auch nicht durch die Quantenphysik, an Gott glauben zu *müssen*. Aber mit Hilfe von Fantasie und Inspiration sind wir eingeladen, an Gott glauben zu *dürfen*. Aus diesem Grund sehe ich die Verbindung von Religion und Wissenschaft auch nicht als irgendeine Art von *Beweisführung* an, mit der trockene Wissenschaftsgläubige missionieren werden könnten. Unter Inspiration verstehe ich eine *Offenheit* für eine geistgewirkte Kreativität. Auf dem Weg zu einem ganzheitlichen Weltbild bedarf es immer wieder solcher Inspirationen. Und die Erfahrung lehrt uns: Auch die Wissenschaft hat nicht selten durch Fantasie und Inspiration Theorien entwickelt, die irgendwann zu gesicherten Erkenntnissen wurden. Und ehrliche Wissenschaft ist sich ohnehin ihrer subjektiven Voraussetzungen bewusst. Ganzheitliche Lebensentwürfe beruhen niemals nur auf rationalistischer Beweisführung, sondern schließen subjektive Überzeugungen mit ein.

> *Die Offenheit für Quantenphysik und Religion schenkt die Möglichkeit, neu an Gott glauben zu dürfen.*

In meinem Lebensentwurf spielt die Bibel eine wichtige Rolle. Schon früh ist mir aufgefallen, dass Visionen, Träume und Inspirationen auf fast jeder Seite dieses Buches zu finden sind. Der große Gott, der Schöpfer des Universums, offenbart sich in der Subjektivität von inspirierten Menschen. In dieser Zuwendung erfüllt Gott alle Merkmale, die ihn zu einer Person werden lassen. Als höchste Bewusstheit tritt er aus der Unbestimmtheit heraus, gestaltet die Welt im vollen Bewusstsein und wendet sich Menschen konzentriert und persönlich zu.

Teilhabe

Im Christentum ging es von Anfang an niemals um Wissenschaft, sondern um Existentielles: *Teilhabe an Christus.*

Trotzdem hat dieser Glaube genau mit unserem wissenschaftlichen Thema zu tun. Eine reale Teilhabe an Christus, die nicht bloß metaphorisch gedacht ist, setzt eine wie auch immer geartete Unsterblichkeit von Christus voraus.

Das Mysterium des Christentums ist eine lebendige Beziehung zum Geist Jesu Christi. *Christus lebt in mir,* das versinnbildlicht diese Fotomontage.

Die Dynamik des christlichen Glaubens bestand immer schon in einer lebendigen Beziehung zu Jesus Christus, nicht in der historischen Betrachtung einer großen Persönlichkeit der Weltgeschichte. Die historische Erinnerung war höchstens ein Faktor für die Augenzeugen und Zeitgenossen Jesu. Doch schon für Paulus war das Entscheidende die Begegnung mit dem lebendigen Christus in einer Lichtvision vor Damaskus.

Nicht mehr ich lebe,
sondern Christus lebt in mir.
Galater 2,20

Unterwegs aber, als er sich bereits Damaskus näherte, geschah es, dass ihn plötzlich ein Licht vom Himmel umstrahlte. Er stürzte zu Boden und hörte, wie eine Stimme zu ihm sagte: Saul, Saul, warum verfolgst du mich? Er antwortete: Wer bist du, Herr? Dieser sagte: Ich bin Jesus, den du verfolgst (Apostelgeschichte 9,3).

Teilhard de Chardin ...

galt als ein Brückenbauer zwischen Wissenschaft und Glauben. In Teilhards Weltanschauung ist das Christentum Krönung und Abschluss jeder kosmischen Evolution, und Christus ist die Achse und das Ziel des ganzen Weltgeschehens; er ist der geheimnisvolle Punkt, das A und O, in dem alle aufstrebenden Kräfte zusammenlaufen, so dass die gesamte Schöpfung als Funktion des fleischgewordenen Wortes verstanden werden muss.[1]

In den letzten Jahrhunderten hat sich die Theologie sehr auf die Literaturwissenschaft zubewegt, nicht zuletzt, weil Begriffe wie Metapher und Erzählung eine wichtige Rolle spielen. Vielleicht hat man darüber vergessen, dass der Anfang der Spiritualität nicht die schriftstellerische Tätigkeit ist, sondern das spirituelle Erleben. Im Blick auf die christliche Spiritualität bedeutet dies: Die persönliche Teilhabe an Christus ist mehr als ein poetischer Text, auch mehr als die Erforschung des historischen Jesus. Die Lebensgeschichte Christi setzt sich ja in der Lebendigkeit seines Geistes fort, und zwar in jeder Gegenwart, auch in unserem Heute.

Christus und der Kosmos

Teilhard de Chardin ging in seiner Christologie so weit, dass er eine Kosmologisierung von Christus beschrieb:

Was ich von Christus verlange, ist, dass er eine Kraft ist, die ebenso unermesslich, aktuell, universell, ebenso wirklich (wirklicher) als die Materie ist, die ich anbeten könnte; letzten Endes verlange ich von ihm, für mich das vollendete, verdichtete, anbetungswürdige Universum zu sein. [1]

Teilhard de Chardin setzt das fort, was im Neuen Testament von den ersten Christen bereits formuliert wurde. Christus wurde zum Alpha und zum Omega, zum Anfang und Ende. Die Offenbarung des Johannes stellt Christus als Ersten und Letzten (Offb. 1,17/2,8). Meines Erachtens ist mit der Kosmologisierung von Christus der Gedanke zutreffend beschrieben, dass Christi Geist Teil des Universums ist, das sich auf die Vollendung hin entwickelt - ebenso wie jede menschliche Seele ein Teil dieser Entwicklung ist, wenn sie am Geist Christi Anteil hat.

Zusammenfassung

Die Frage nach einem Weiterleben nach dem Tod treibt uns alle um. Sie begegnet uns bei jedem Abschied von einem lieben Menschen. Zu der traditionellen christlichen Lehre von der Auferstehung aller Toten tritt zunehmend die Hoffnung, dass mit dem Begräbnis des Körpers das Ich, die Persönlichkeit des Verstorbenen, nicht ins Nichts versinkt, sondern in einer Form weiterlebt, die wir mit dem Wort Seele umschreiben können. Es gibt einen Ort, an dem die Seelen unserer Verstorbenen weiterleben.

Die jenseitige Welt ist für den Gläubigen Realität, und doch ist sie den Augen verborgen. Das Jenseits und das Diesseits sind so sehr aufeinander bezogen, dass sie nicht in zwei Welten zerfallen dürfen. Was uns wie ein Dualismus erscheinen mag, ist in Wahrheit eine Wirklichkeit, die Ganzheit des Seins, die Einheit von Allem. Wenn diese Überzeugung in das wirkliche Leben umgesetzt werden soll, führt dies zu einem holistischen Weltbild, in dem religiöse Überzeugungen ebenso ihren Platz haben wie die Wissenschaften. Das menschliche Denken kennt viele verschiedene Geschichten, die vielleicht eines Tages zu einer großen Theorie der Wirklichkeit verbunden werden. Auf dem Weg dorthin stellt die Quantenphysik einen wesentlichen Fortschritt dar.

Der Gottesgedanke lässt sich aus den Wissenschaften nicht beweisen, aber mit Fantasie und Inspiration, die auch den Theorien der modernen Physik nicht fremd sind, öffnet sich das Denken für Gott. Das Wesen des Christentums bestand niemals in einer dogmatischen Lehre, sondern in der Beziehung zu dem lebendigen Geist Christi. In der Teilhabe unseres Bewusstseins am Geist Christi liegt die persönliche Anteilhabe an dem, was Christus erwirkt hat, aber auch die gemeinsame Zukunft des Seins in einer kosmologischen Dimension.

Kapitel 1

Unsterblich

Das Gilgamesch - Epos

Die Idee von der Unsterblichkeit beschäftigt die Menschheit seit Tausenden von Jahren. Das älteste überlieferte Zeugnis, das sich mit diesem Thema ausführlich befasst, ist das Gilgamesch - Epos.[1] Mich beeindruckt dieses uralte Zeugnis der Menschheit sehr. Und zwar nicht nur, weil es so alt ist. Was alt ist, muss ja nicht automatisch wahr sein, geschweige denn hilfreich. Aber im Gilgamesch - Epos treffen Alter und Wahrheit aufeinander. Die alten Fragen erweisen sich auch als die wahren, die aktuellen, allen voran die Frage nach dem ewigen Leben.

Fragment einer Tontafel – beschriftet mit der babylonischen Erzählung der Sintflut. 11. Tafel des Gilgamesch-Epos gefunden von Austen H. Layard 1851

Das Epos wurde auf zwölf Tontafeln in Keilschrift aufgezeichnet und ist vermutlich im 2. Jahrtausend vor Christus entstanden. Das vollständige Epos lag ca. 700 vor Christus vor.[2] Die Geschichte von Gilgamesch, dem König der babylonischen Stadt Uruk, bezieht sich aber auf die historisch wesentlich frühere Zeit um 3000 vor Christus. Es ist somit der älteste schriftlich überlieferte Mythos in der Geschichte der Menschheit. Wir verstehen unter *Mythos* eine Erzählung vom Wirken der Götter. Und davon gibt es viele in der babylonischen Götterwelt. Zum Beispiel ist da der ranghöchste Himmelsgott *Anu*, oder der Gott *Enlil*, der über Leben und Tod entscheiden kann und auch die Sintflut herbeigeführt hat, sein Gegenpart *Ea*, der den Menschen Utnapischti vor der Sintflut gewarnt hat, eine Muttergöttin mit verschiedenen Namen und schließlich *Ischtar*, die Stadtgöttin von Uruk.

Gilgamesch wird als Gottessohn vorgestellt. Damit gehört er eigentlich zur unsterblichen Götterwelt. Aber er ist zu einem Drittel auch Mensch

Niemand ...

weiß, ob in jenen Jahren tatsächlich ein König namens *Gilgamesch* in Uruk gelebt hat, oder ob es sich um eine rein erfundene Person handelt. Wenn überhaupt, lässt sich eine geschichtliche Person im Anfang des dritten Jahrtausends vor Christus ansiedeln. Wir sprechen von einem *Mythos*, immer dann, wenn die Handlung in der Sphäre der Götter spielt oder den Hintergrund für ein überliefertes Ritual darstellt. Über die Historizität des Mythos ist damit nichts gesagt. Diese liegt im Bereich einer historischen Einschätzung.

Der Tod ...

wurde von den babylonischen Göttern als natürliches Ende des menschlichen Lebens festgesetzt. Das Ende des eigenen Lebens liegt nicht in der Hand des Menschen. Vielmehr bestimmt der Gott Enlil, wann und wie die Menschen sterben.

Aber die Toten leben in der Unterwelt weiter, und zwar nach gewissen Regeln, die befolgt werden müssen. So dürfen die Bewohner der Unterwelt beispielsweise keinen Lärm machen, die Füße dürfen keine Schuhe tragen, ein Stock darf nicht in die Hand genommen werden, weil sich sonst die Geister fürchten.

Als in der Erzählung Gilgameschs liebste Spielzeuge in die Unterwelt gefallen sind, soll Enkidu sie ihm wiederbringen – und missachtet dabei die Regeln. Enkidu kann schließlich aus einem Loch der Erde aus der Unterwelt entweichen. Hier sehen wir ein frühes Zeugnis von der Vorstellung von Abgeschlossenheit und Durchlässigkeit des Totenreichs.

– und das macht ihn sterblich. Seine Sterblichkeit fürchtet Gilgamesch zum ersten Mal, als sein Gefährte Enkidu stirbt. Dieser ist auch eine mythologische Figur, nicht bloß Mensch, sondern zu zwei Drittel Tier. Sein Tod ist der Anlass für Gilgamesch, sich Gedanken über die Sterblichkeit und die Unsterblichkeit zu machen. Um eine Antwort auf die Fragen zu finden, sucht er schließlich den Menschen Utnapischti auf, der mit seiner Familie in einer Arche aus der Sintflut gerettet wurde und unsterblich sein soll.

Der Gang der Geschichte ist schnell erzählt: Utnapischti hat tatsächlich einen Lösungsvorschlag. Aber Gilgamesch scheitert an der Aufgabe, sechs Tage und sieben Nächte nicht zu schlafen. Auch der Versuch, ein Verjüngungskraut auf dem Meeresgrund zu bergen, gelingt nicht. Nun gibt es für Gilgamesch keine Möglichkeit mehr, unsterblich zu werden - zumindest gilt das für dieses Leben. Doch am Ende erscheint als Lösung eine Art von Unsterblichkeit, von der die zwölfte Tafel des Epos erzählt: *ein Leben nach dem Tod!* Genauer gesagt ist es ein Leben in der Unterwelt. Es gibt ein Weiterleben der Verstorbenen!

> *Der älteste Mythos*
> *der Menschheitsgeschichte*
> *kennt ein Leben nach dem Tod.*

Das Gilgamesch-Epos hat in unseren Tagen seine Relevanz verloren. Für uns ist es ein Mythos ohne jeden Bezug zu unserem alltäglichen Leben. Auch Götter können entstehen und sterben. Ihre Existenz ist abhängig von der menschlichen Vorstellungskraft, ihre Relevanz ist an den Glauben an sie gebunden. Der Gilgamesch-Mythos starb mit der klassischen Antike. Aber er hat biblische Autoren inspiriert, eigene Visionen von der Idee einer Unsterblichkeit zu empfangen.

Die Genesis

Wesentlich jünger als die Steintafeln des Gilgamesch-Epos sind die hebräischen Handschriften der Bibel. [1] Sie beziehen sich aber auf eine Zeit, die weit hinter das Gilgamesch-Epos zurück geht: Die Bibel zielt auf den Anfang, auf die Schöpfung, auf den Ursprung des Menschen. Ein Menschenpaar wird für die Bibel grundlegend.

Der silberne Lesefinger zeigt auf die ersten Worte der hebräischen Bibel: Das Buch Genesis. *Am Anfang schuf Gott Himmel und Erde.*

Die Geschichte von Adam und Eva ist eine der außergewöhnlichsten Erzählungen, die jemals erzählt wurden. [2] Sie hat über Jahrtausende die Vorstellungen vom Ursprung und Schicksal der Menschen geprägt. Stephen Greenblatt nennt sie *beharrlich* und *betörend real*. Millionen Menschen haben die Geschichte als unverfälschte Wahrheit genommen und ungezählte Zeitgenossen tun es immer noch, akzeptieren diese Erzählung als historisch zutreffenden Bericht vom Ursprung unseres Universums, sehen sich selbst tatsächlich als Nachkommen der ersten Menschen im Garten Eden. Ich glaube, dies ist der Fall, weil wir unbewusst spüren und empfinden, dass ein Anfang geschehen sein *muss,* auch wenn er vor aller Zeit liegt. Ich möchte nicht an dem Streit um des Kaisers Bart teilnehmen, der darüber geführt wird, ob die Geschichten der Bibel historische Ereignisse

Ein Mythos ...

ist der Schöpfungsbericht der Bibel allein nach literarischen Kriterien. Es handelt sich um eine Geschichte in der Welt der Götter, in diesem Fall in der Welt Gottes, der monotheistischen Variante. Weitere himmlische Wesen wie Engel und Satan sind jedoch inbegriffen.

In unserem heutigen Sprachgebrauch klingt allein bei dem Wortgebrauch Mythos immer gleich das Motiv des Unhistorischen mit. Das könnte leicht dazu führen, dass wir alte Texte vorschnell als überholt oder als *nicht wirklich passiert* abtun.

Das, was wirklich passiert ist, versuchen wir mit den historisch-kritischen Instrumenten der Geschichtswissenschaften oder der Naturwissenschaften zu verifizieren.

Doch solange wir glauben, dass unsere Methoden dem Mythos überlegen sind, werden wir die Sache, in dem es in dem Mythos geht, verlieren. *Entmythologisierung* führt leider zum Totalverlust.

Im Koran ...

gilt Adam als *Verwalter* der Erde. Er ist in der islamischen Überlieferung Gottes erster Prophet.

In der Bibel wie auch im Koran sind die Charaktere identisch: Adam, Eva, Shaytan (Iblis), Allah; der Ort ist derselbe (der Garten); in beiden Berichten belügt und betrügt Shaytan Adam und Eva; sie legten Blätter an, um die Schande ihrer Nacktheit zu verbergen; Allah kommt, um zu urteilen; in beiden Berichten zeigt Allah Barmherzigkeit, indem er Kleidung bereitstellt, um die Schande ihrer Nacktheit zu bedecken.

Der Koran sagt, dies sei ein Zeichen Allahs für die *Kinder Adams* – das sind wir. Nach islamischem Verständnis ist die Geschichte von Adam und Eva also nicht bloß eine Geschichtsstunde über vergangene Ereignisse, sondern eine Lektion, die uns heute angeht.

Judentum, Christentum und Islam sind sich im Glauben an den Anfang relativ einig.

nacherzählen. Natürlich ist die Wahrscheinlichkeit, dass die biblischen Geschichten auf historischen Ereignissen beruhen, in einzelnen Fällen sehr gering, wenn man die Kriterien der Literatur- und Geschichtswissenschaften anlegt. Die Frage ist nur, ob diese Kriterien den religiösen Inhalten angemessen sind oder nicht. Die historischen Wissenschaften liefern Wahrscheinlichkeiten, auf die ja bekanntlich noch kein religiöser Mensch seine Seligkeit gegründet hat. Und die Fragen, was Fakten überhaupt sind, ob Realität überhaupt feststellbar ist, ob die uns umgebende vierdimensionale Raumzeit nur eine von vielen möglichen Realitäten darstellt, ob die Geschichte unseres Universums die anderen Geschichten des Multiversums ausschließt - all das sind Fragen, die sich jenseits der Literatur- und Geschichtswissenschaften bewegen. Sie betreffen ein ganzheitliches Weltbild, das die ganze Persönlichkeit des Menschen betrifft.

Historisch oder real?

Auf der Suche nach der Realität kann die Frage nach der Historizität ein Versuch sein, der biblischen Geschichte auszuweichen. Die Erzählung selbst klammert ja keinen Menschen aus. Real ist der Mythos von Adam und Eva allein schon deswegen, weil er ein Teil unseres Lebens ist. Deshalb geht er uns alle an. Die Geschichte handelt davon, wer wir sind, woher wir kommen und wohin wir gehen. Und allein deshalb ist sie auch *Geschichte* im Sinne der Historizität.

Der *Mythos* nimmt uns hinein in seine eigene Geschichte. Der Apostel Paulus hat die Tatsache, dass wir Menschen sterblich sind, auf die Erzählung von Adam und Eva zurückgeführt. Und er tröstet die ersten Christen mit der Perspektive einer neuen Art der Unsterblichkeit. Ein neuer Adam, Jesus Christus, hat den Schaden der Welt ungeschehen gemacht.

Der Odem des Lebens

Wenden wir uns der biblischen Geschichte also noch einmal zu. Der aus Lehm geformte Mensch wurde zu dem Zeitpunkt zu einem lebendigen Wesen (hebr. Nefesch), als ihm der *Odem des Lebens* gegeben wurde. In dieser Aussage sehe ich den zentralen Punkt der biblischen Schöpfungserzählung. Was immer auch geschehen sein mag, und wie immer es auch geschah - es war ein Atem, der den ersten Menschen lebendig machte. [1] Ich nenne ihn den *Atem Gottes.*

Machen wir doch ein Experiment und übertragen die biblischen Begriffe einfach in unser Vokabular. Setzen wir den *Odem des Lebens* mit der menschlichen *Seele* gleich, die Seele mit dem menschlichen *Bewusstsein*. Setzen wir für *Gottes Geist* das *kosmische Bewusstsein* ein. Wir werden sehen, dass die Begriffe dafür offen sind, und wir die Wirklichkeit auf eine ganzheitliche Weise beschreiben können. Bleiben wir bei der historischen Bedeutung der Vokabeln stehen, würden wir merken, dass wir ein neues Vokabular benötigen würden, um uns der Sache zu nähern.

Es geht um die Frage: Wie nimmt uns der Mythos in seine Geschichte mit hinein, die keine vergangene, sondern eine stets lebendige Geschichte ist? Es scheint in jedem Fall wiederum ein Atem zu sein. Wir sprechen von *inspirierten* (gehauchten) Texten der Bibel. Sie atmen den Geist dessen, der sie inspiriert hat, und sie werden von einem Geist aufgenommen, der am Anfang schon da war. Es ist immer noch: der Atem Gottes.

Nefesch ...

ist ein hebräisches Wort, das schwer zu übersetzen ist. Die Exegeten sind sich mehrheitlich einig, dass eine unsterbliche Seele mit diesem Wort nicht intendiert ist, sondern eher die Vitalität des Lebens an sich gemeint ist.

Spätestens im NT wird aber deutlich, dass die Sache eine Vokabel braucht, wenn es z.B. im 1.Pt 3,9 heißt, Christus ging ins Totenreich *zu den Geistern in die Totenwelt... Sie waren es, die zur Zeit Noahs gelebt ... hatten.* Jedes Vokabular ist bloß eine Annäherung an die Sache: das Leben nach dem Tod.

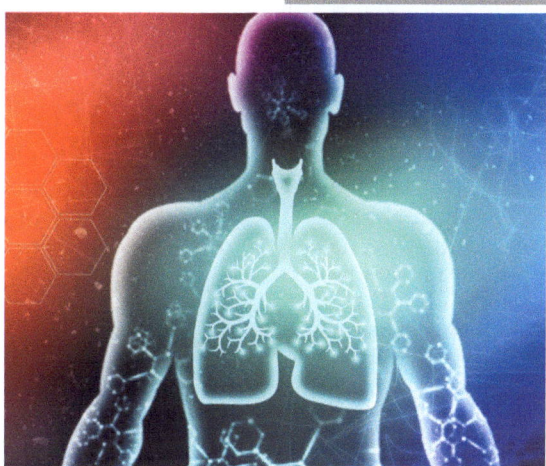

Der *Odem des Lebens* steht für die menschliche Seele in einer Einheit von Körper und Geist.

Die Totenwelt ...

ist in der Bibel eine höchst lebendige Welt. Sie ist der Aufenthaltsort der Verstorbenen. Gläubige wie ungläubige Menschen warten darin auf ihre Bestimmung. Man wartet dort auf das Gericht oder die Auferstehung. Die Verstorbenen können dort denken und sprechen. Das Totenreich gleicht einem Haus mit mehreren Stockwerken. Die Begriffe dafür heißen Scheol, Hades, Tartaros, Schachat oder Zisterne.

In der griechischen Mythologie werden die Toten als Schatten in einem Schattenreich dargestellt, die unglücklich sind, dass sie nicht mehr richtig leben können. Eine grässliche Vorstellung.

Jesus sprach am Kreuz zu dem sterbenden Schächer an seiner Seite die Worte: „Wahrlich, ich sage dir: Heute wirst du mit mir im Paradies sein!" Lukas 23,43. Diese tröstlichen Worte eröffnen eine ganz positive Interpretation des Totenreichs. Es gibt dort eine Gemeinschaft mit Christus.

Unsterblich?

Die biblische Erzählung kennt die Unsterblichkeit Adams zunächst einmal nur als eine *verfehlte* Möglichkeit. Adam sündigte und seine Strafe war die Sterblichkeit. „Denn Staub bist du und zum Staub kehrst du zurück" Gen 3,9. Nach dem Sündenfall ist es Gottes erstes Anliegen, die Unsterblichkeit Adams zu verhindern: „Nun aber, dass er nur nicht ausstrecke seine Hand und nehme auch von dem Baum des Lebens und esse und lebe ewiglich" Gen 3, 22b. Damit erklärt die Genesis den Tod als Folge des Sündenfalls. Man könnte das nun missverstehen und annehmen, dass mit dem biologischen Tod das menschliche Individuum für alle Zeiten ausgelöscht ist. Das ist jedoch nicht der Fall. Der biologische Tod soll im Duktus der Erzählung nur eine Zäsur darstellen, er ist zwar das Ende, aber auch der Anfang einer neuen Existenz. Der Apostel Paulus hat die Geschichte der Genesis aufgegriffen und mit einem anderen Mythos ergänzt.

> *Denn wie in Adam alle sterben,*
> *so werden in Christus alle lebendig*
> *gemacht werden.*
>
> *1. Kor. 15, 21*

Wie durch die ersten Menschen der Tod kam, so kam durch Christus das Leben. Mit diesen Worten beschreibt Paulus einen Kreis für die urchristliche Theologie, der seinen Anfang bei Adam nimmt und sich mit Christus schließt. Die Teilhabe an Christus ist auch die Teilhabe an der Zukunft, wie sie in der kosmischen Dimension der Johannesoffenbarung 22,2 vollendet wird.: Die Bäume des Lebens wachsen wieder — nicht mehr im Paradies, sondern in der Mitte des neuen Jerusalems, das am Ende der Zeit vom Himmel auf die Erde herabkommt. Der Zugang zum ewigen Leben ist wieder hergestellt.

Die Fortsetzung

Der Apostel Paulus äußerte seine Hoffnung auf eine Fortsetzung für die gesamte sichtbare Welt. „Die Schöpfung ist ja unterworfen der Vergänglichkeit ... doch auf Hoffnung; denn auch die Schöpfung wird frei werden von der Knechtschaft der Vergänglichkeit zu der herrlichen Freiheit der Kinder Gottes" Römer 8,20f.

Es gibt in der biblischen Vorstellung eine Parallelwelt, die auf der irdischen Welt basiert — im Verhältnis wie Saat und Ernte.

Die Vorstellung eines *neuen Himmels und einer neuen Erde* rechnet mit einem physischen Ort, an dem sowohl Menschen, wie auch Tiere und Pflanzen, in einer neuen Leiblichkeit existieren. Es ist nicht bloß eine platonische Welt der Geister, die existiert. Die Bibel kennt eine andere Art von Leiblichkeit: eine *Geistleiblichkeit*. Können wir aus unserem Verständnis der Bibel den Gedanken im Einklang mit der Quantenphysik formulieren, dass es in Wahrheit keinen Unterschied zwischen Geist und Materie gibt?

Schon Jesus ...

sah sich zwei Parteien gegenüber, die unterschiedliche Vorstellungen von einem ewigen Leben hatten.

Die *Sadduzäer* lehnten die Vorstellung von einer Auferstehung der Toten und einem ewigen Leben ab, die *Pharisäer* bejahten diese Vorstellung. Jesus schlug sich auf die Seite der Pharisäer.

Mir scheint es so, dass wir von Jesus lernen können, in strittigen Fragen eine Position zu beziehen. Das ist in unserer Gesellschaft nicht immer leicht, weil wir dazu neigen, sämtliche Antworten zu einem x-beliebigen Thema zu recherchieren, um dann mit einem Fragezeichen vor dem Ergebnis stehen zu bleiben.

Auch die biblischen Gedanken bedürfen, obgleich sie als inspiriert gelten, einer persönlichen Aneignung und argumentativen Entfaltung - warum nicht im Gespräch mit der Quantenphysik?

Geben wir uns einen Schubs. Jesus hätte gewiss nichts dagegen gehabt ...

Paulus

Das fünfzehnte Kapitel des Korintherbriefes stellt einen bemerkenswerten Text des Apostels Paulus dar. Paulus entwirft nicht nur ein Gesamtkonzept, sondern lässt den Anfang in ein grandioses Ende münden.

35 Es könnte aber jemand fragen: Wie werden die Toten auferstehen und mit was für einem Leib werden sie kommen? 36 Du Narr: Was du säst, wird nicht lebendig, wenn es nicht stirbt. 37 Und was du säst, ist ja nicht der Leib, der werden soll, sondern ein bloßes Korn, sei es von Weizen oder etwas anderem. 40 Und es gibt himmlische Körper und irdische Körper; aber eine andere Herrlichkeit haben die himmlischen und eine andere die irdischen. …

42 So auch die Auferstehung der Toten. Es wird gesät verweslich und wird auferstehen unverweslich. 43 Es wird gesät in Niedrigkeit und wird auferstehen in Herrlichkeit. Es wird gesät in Schwachheit und wird auferstehen in Kraft. 44 Es wird gesät ein natürlicher Leib und wird auferstehen ein geistlicher Leib. Gibt es einen natürlichen Leib, so gibt es auch einen geistlichen Leib. 45 Wie geschrieben steht: Der erste Mensch, Adam, »wurde zu einem lebendigen Wesen« (1. Mose 2,7), und der letzte Adam zum Geist, der lebendig macht. 46 Aber nicht der geistliche Leib ist der erste, sondern der natürliche; danach der geistliche. 47 Der erste Mensch ist von der Erde und irdisch; der zweite Mensch ist vom Himmel.

48 Wie der irdische ist, so sind auch die irdischen; und wie der himmlische ist, so sind auch die himmlischen. 49 Und wie wir getragen haben das Bild des irdischen, so werden wir auch tragen das Bild des himmlischen.

Zusammenfassung

Die Idee von der Unsterblichkeit beschäftigt die Menschheit seit Jahrtausenden. Das Gilgamesch-Epos ist der älteste Mythos der Menschheitsgeschichte, der ein Weiterleben der Verstorbenen nach dem Tod in der Unterwelt kennt. Er hat biblische Autoren inspiriert, eigene Inspirationen über ein Leben nach dem Tod zu empfangen. Das Buch Genesis zielt auf den Ursprung des Menschen, den es als Schöpfung darstellt. Durch den Odem des Lebens wird der Mensch eine lebendige Seele. Die hebräischen Wörter erweisen eine große Offenheit für die Deutung auf das moderne Verständnis des Bewusstseins.

Die Geschichte vom ersten Menschenpaar erzählt das Hereinbrechen des Todes in eine paradiesische Welt der Unsterblichkeit als Folge des Sündenfalls. Bis heute stellt dieser Mythos eine Realität dar, in der sich viele gläubige Juden, Muslime und Christen wiederfinden können. Von Paulus wird der Mythos mit dem Sterben und Auferstehen Jesu Christi interpretiert. Im Geschehen am Kreuz wird der Schaden der Welt geheilt und die Perspektive auf eine neue Unsterblichkeit den ersten Christen vermittelt. Auf eine geheimnisvolle Weise ist die unsterbliche Seele immer mit einer Form von Leiblichkeit verbunden, die auch Geistleiblichkeit genannt wird.

Die kosmische Dimension der Wiederherstellung umfasst die gesamte Schöpfung in einer neuen Welt am Ende der Zeit. Sie ist in Christus eine Zukunft, die sich bereits in der Gegenwart vorbereitend realisiert, und in der Menschen durch den Glauben Teil haben können. Die Totenwelt ist im Neuen Testament lebendig - und Kontakte zum Diesseits sind möglich, wenn auch nicht angestrebt. Sie kann in verschiedenen Ebenen dargestellt werden, Jesus bezeichnete den Zustand als das *Paradies* (Lukas 23,43).

Kapitel 2
Physik und Geist

Thermodynamik und Gravitation

Die Thermodynamik hatte ihren Ursprung bei der Entwicklung der Dampfmaschine. Damals ging es um die Frage, wie man Wärme in mechanische Arbeit umwandeln kann. Nun gehören zu unserem Leben Prozesse, die denen einer Dampfmaschine auf peinliche Weise ähnlich sind. Wir teilen mir ihr das gleiche Schicksal. [1]

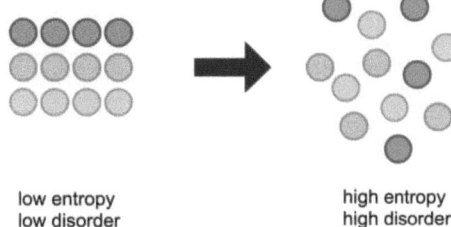

low entropy
low disorder

high entropy
high disorder

Die Entropie eines Systems steigt mit jeder Zufuhr von Wärme oder Materie.

Jeden Tag verbrennt unser Organismus die Nahrung, die wir zu uns nehmen und verbraucht die Luft, die wir einatmen. Auch im Akt des Denkens findet eine Molekülbewegung im Gehirn statt. Unser Leben besteht daraus, dass die Entropie zurückgesetzt wird und unser Organismus Wärme an die Umwelt abgibt, die Entropie also wieder zunimmt.

> *Unser Leben besteht daraus,*
> *dass die Entropie zurückgesetzt wird.*

Nullter Hauptsatz: Wenn ein System A sich mit einem System B sowie B sich mit einem System C im thermischen Gleichgewicht befindet, so befindet sich auch A mit C im thermischen Gleichgewicht. Die Zustandsgröße, die bei diesen Systemen übereinstimmt, ist die Temperatur, die skalar, intensiv und überall im System gleich ist.

Inzwischen wissen wir jedoch, dass der Nullte Hauptsatz nicht exakt in einem Gravitationsfeld gilt. Das mag auf der Erde größenmäßig keine Rolle spielen, bei einem Neutronenstern ist das aber der Fall. Wir stoßen hier auf ein Wechselspiel von Entropie und Gravitation.

Entropie ...

wurde schon als ein Beweis für die Existenz Gottes angesehen. Wir leben in einer sehr lebensfreundlichen Ordnung, die auf einen sehr ordentlichen Anfang zurückgeführt wird (Urknall). Deswegen läuft das Universum wie ein Uhrwerk ab, mit einer eindeutigen Zeitrichtung. Verbirgt sich dahinter der Zufall, eine naturgesetzliche Notwendigkeit oder sogar ein grandioser Plan?

Was verursachte die geringe Entropie des frühen Universums?

Ein ebenso großes Geheimnis wie die Entropie des Universums ist noch das Rätsel der Gravitationskraft, deren Wirkung bisher nur annähernd beschrieben werden kann.

Superposition ...

nennt man in der Quantenphysik die Zustände der zu den Messwerten gehörigen Eigenzuständen. Jeder Zustand kann mit jedem anderen Zustand desselben Systems überlagert werden, und jeder Zustand kann als Überlagerung anderer Zustände dargestellt werden.

Im Gegensatz zur klassischen Physik legt der Zustand nicht für jede durchführbare Messung einen zu erwartenden Messwert fest, sondern nur für jeden möglichen Messwert die Wahrscheinlichkeit, dass gerade dieser Wert eintritt.

Ebenfalls im Gegensatz zur klassischen Physik ist die Zeitentwicklung des quantenmechanischen Zustands nicht durchgehend festgelegt.

Stattdessen wird durch eine Messung der Zustand des Systems auf eine Weise verändert, die nicht beeinflusst und nur mit gewisser Wahrscheinlichkeit vorhergesagt werden kann. Die Superposition ändert alles … .

Erster Hauptsatz: Alle Energie, die zu Beginn eines Prozesses vorhanden ist, findet sich auch am Ende des Prozesses wieder. Bekannt ist dieser Hauptsatz auch als das Gesetz der Energieerhaltung. Es sagt aus, dass die Energie eines abgeschlossenen Systems konstant ist. Ausgehend von dieser Aussage lassen sich Energiebilanzen für geschlossene und offene Systeme bilden.

Nach der allgemeinen Relativitätstheorie lässt sich der Erste Hauptsatz nicht auf das Universum als Ganzes anwenden, weil die Gravitationsenergie nicht eindeutig definiert werden kann. Die Quantenphysik hat gezeigt: Quantenmechanische Zustände, die sich mit der Zeit messbar ändern, sind keine Energieeigenzustände. Die Energieeigenzustände bilden eine Basis von Zuständen, und jede Überlagerung mehrerer, oder sogar unendlich vieler von ihnen, ist auch ein möglicher Zustand des Systems. Wir haben also ein Universum vor uns, das keineswegs geschlossen und berechenbar ist, sondern als ein großes Geheimnis Gottes interpretiert werden kann. Wenn Gott existiert, warum sollte das Universum ihn nicht selbst abbilden und sein schöpferisches Handeln darstellen?

Die Superposition ist ein möglicher Zustand des Systems

Zweiter Hauptsatz: Wärme kann nicht von selbst von einem Körper niedriger Temperatur auf einen Körper höherer Temperatur übergehen. Aus dem Zweiten Hauptsatz lassen sich die Definition der thermodynamischen Temperatur und die Zustandsgröße Entropie herleiten. Er besagt: Im Laufe der Zeit besteht die überwältigende Tendenz, dass die Entropie zunimmt. Der Unterschied zwischen Zukunft und Vergangenheit läge demnach darin, dass die Zukunft eine höhere Entropie besitzt. Doch ist das zwangsläufig so?

Für unsere Überlegungen gilt zu beachten: „Der Zweite Hauptsatz ist kein Naturgesetz im klassischen Sinn. Er schließt nicht absolut aus, dass die Entropie abnehmen kann, sondern erklärt nur, eine solche Abnahme sei unwahrscheinlich. Ein solcher Prozess der Entropieumkehr würde nicht den Gesetzen der Physik widersprechen. Es wäre zwar ungeheuer unwahrscheinlich, aber die Gesetze der Physik erlauben tatsächlich, dass die Entropie abnimmt."[1]

Rolle rückwärts?

Es geht hier natürlich nicht um unsere Alltagserfahrung, sondern um einen prinzipiellen Punkt: Die Gesetze der Physik stellen Zukunft und Vergangenheit auf die gleiche Stufe. Physikalische Prozesse, die in einer zeitlichen Abfolge ablaufen, können auch umgekehrt ablaufen. Es ist nur lächerlich unwahrscheinlich.

> *Physikalische Gesetze, die in einer zeitlichen Abfolge ablaufen, können prinzipiell auch umgekehrt ablaufen.*

Für die Zukunft des Universums und der Menschheit stellt sich die Frage, ob der Tanz der Zwei-Schritt-Entropie unbegrenzt weitergehen kann, oder ob eine Zeit kommen wird, in der das Universum gesättigt ist und die Abwärme nicht mehr aufnehmen kann, die wir mit unseren Tätigkeiten erzeugen.[2]

Der Nobelpreisträger John Wheeler erkannte in den 1970er Jahren, dass der Zweite Hauptsatz der Thermodynamik scheinbar versagt, wenn man ihn in der Nachbarschaft eines Schwarzen Lochs betrachtet. Ein Schwarzes Loch scheint die Verringerung der Gesamtentropie zu bewirken. Es

Ordnung ...

ist in unserem Universum immer noch ein Problem. Man hat sich daran gewöhnt, die Ordnung im Universum als eine zufällig entstandene Insel in einem viel größeren Ozean des Chaos zu betrachten (nach Ludwig Bolzmann eine statistische Fluktuation). Dennoch bleibt es unverständlich, warum diese Fluktuation so langlebig ist. Immerhin sind fast 14 Milliarden Jahre seit dem Urknall verstrichen. Da wäre es viel wahrscheinlicher, die Fluktuation wäre erst kürzlich entstanden.

Wer den Einwand nicht akzeptieren möchte, muss eine Erklärung für die relativ geringe Entropie des Universums suchen. Könnte die kosmische Inflation, eine überlichtschnelle Ausdehnung des frühen Universums die Raumzeit geglättet haben?

Aus christlicher Perspektive stellt die Dimension Zeit in *Einsteins* vierdimensionaler Raumzeit einen Anknüpfungspunkt dar. Ewigkeit ist nicht Zeitlosigkeit, aber die Fülle der Zeit.

Eine Theorie ...

ist und bleibt die Struktur der Quantenphysik, trotz aller Bestätigungen. Wahrscheinlichkeitswellen liefern Vorhersagen darüber, wo man dieses oder jenes Teilchen vermutlich finden wird. Ihr Verhalten hat Erwin Schrödinger in einer Gleichung beschrieben. Aber die Wellen selbst liegen außerhalb des Bereichs unserer Alltagsrealität.

Trotzdem hat die Wissenschaft hingenommen, dass hier eine Theorie ein völlig neues Konstrukt einführt, das der Theorie zufolge nicht beobachtet werden kann. Der Grund für die Akzeptanz liegt darin, dass die Vorhersagen so erfolgreich sind.

Dieses Vorgehen gehört inzwischen so selbstverständlich zum Alltag theoretischer Physiker, dass sie sich ohne zu Zögern auf Dinge beziehen, die außerhalb der Grenzen unserer unmittelbaren Erfahrung liegen.

Den Erfolg einer Theorie kann man im Nachhinein als Rechtfertigung für ihre Grundstruktur nutzen.[2]

stellt damit die höchste Form einer geordneten Abfallentsorgung dar, ohne jede Entropie. Jakob Bekenstein erkannte jedoch, dass es zu einer Verlagerung der Energie kommt. Die Summe der Flächeninhalte der Schwarzen Löcher nimmt im Laufe der Zeit zu. Dies würde eine Zunahme der Gesamtentropie bedeuten. [1]

Entropie und Information

Stephan Hawking untersuchte, wie sich Quantenfelder in der Nähe eines Schwarzen Loches verhalten würden. Er kam auf Quantenfluktuationen in der Nähe des Ereignishorizonts eines Schwarzen Loches. Von einem Teilchenpaar wird ein Teilchen in das schwarze Loch hineingezogen, das andere Teilchen entweicht in den Raum. Diese Strahlung bezeichnet man als Hawking-Strahlung. Die Entropie ist proportional zur Oberfläche des Schwarzen Lochs. Die eigentliche Bedeutung der Hawking-Strahlung lag nun nicht in einer Ehrenrettung des Zweiten Hauptsatzes der Thermodynamik, sondern in der Verbindung der Entropie und der verborgenen Information. Der Wert der Entropie und die Menge der verborgenen Informationen sind gleich. Diese mathematischen Analysen bestimmen die Menge der in einem schwarzen Loch enthaltenen Informationen, aber nicht deren Inhalt. Die Information selbst bleibt ein faszinierendes Rätsel.

> *Die Entropie ist*
> *ein Maß für den verborgenen*
> *Informationsgehalt des Systems.*

Ist dies ein Hinweis auf *Holographie*, eine Informationsspeicherkapazität, die nicht vom Volumen eines Innern, sondern von der Größe einer Randfläche abhängt?

Der Code

Erwin Schrödinger gab im Jahr 1944 mit dem Buch *Was ist Leben?* den Anstoß, die Frage nach dem, was Leben ausmacht, von der *Physik* her zu beantworten.

Wenn wir uns auf ein einzelnes Wasserstoffatom konzentrieren, so stellen wir fest: Nichts gibt zu erkennen, ob dieses Atom zu etwas Belebtem oder zu etwas Unbelebtem gehört. Deshalb stellt sich die Frage: Was führt dazu, dass sich eine große Ansammlung von Atomen zu etwas Lebendigem zusammenfinden kann?

Die Schrödingergleichung beschreibt die zeitliche Veränderung des quantenmechanischen Zustands eines nichtrelativistischen Systems. Sie wurde 1926 als Gleichung für die Ausbreitung von Materiewellen aufgestellt.

Mit Schrödinger fand die Idee der *Information* in die Biologie Eingang. Er brachte als erster die Idee eines genetischen Codes in das Gespräch der Wissenschaft. [1] Schrödinger erinnerte die Biologen unter seinen Gesprächspartnern daran, dass selbst das kleinste Körperchen, das durch das Mikroskop erkennbar ist, immer noch aus Milliarden von Atomen besteht. Er folgerte daraus, dass das Funktionieren eines Organismus nach exakten physikalischen Gesetzen verlangt. Doch physikalische Gesetze beruhen auf der Atomstatistik und sind daher nur annäherungsweise genau. Die Genauigkeit beruht auf der großen Zahl der beteiligten Atome. „Alle physikalischen und chemischen Gesetze, die im Leben der Organismen eine wichtige Rolle spielen, sind von dieser statistischen Art." [2]

Am Beispiel der Magnetisierung von Sauerstoffmolekülen zeigte Schrödinger auf, dass die Wärmebewegung der Magnetisierung unablässig entgegenwirkt und auf eine ungleichmäßige Ausrichtung hinarbeitet. Eine Erniedrigung der Tem-

Schrödinger ...

hatte nicht bloß eine Katze. In dem Gedankenexperiment befindet sich eine Katze in einer Kiste. Zusätzlich ist auch ein radioaktives Element und eine Giftampulle eingebaut. Sobald das radioaktive Material in dieser Apparatur zerfällt, wird das Gift freigesetzt und die Katze stirbt. Das Problem: Der Atomkern befindet sich im Zustand der Überlagerung. Erst bei der Messung entscheidet sich also, ob die Katze tot oder lebendig ist. Das Gedankenexperiment sollte die Paradoxie der Quantenphysik aufzeigen.

peratur führt automatisch zur Verstärkung des Feldes, „es ergibt in quantitativer Übereinstimmung mit der Theorie (Curies Gesetz) eine zur absoluten Temperatur umgekehrt proportionale Magnetisierung." [1]

Doch das scheinbar Selbstverständliche der klassischen Physik trifft auf lebendige Organismen nicht zu. Denn unglaublich kleine Atomgruppen spielen eine beherrschende Rolle, Atomgruppen, die viel zu klein sind, um exakte statistische Gesetzmäßigkeiten erkennen zu lassen. „Sie lenken die beobachtbaren großmaßstäblichen Merkmale, welche der Organismus im Laufe seiner Entwicklung erwirbt, sie bestimmen wesenhafte Eigenheiten seiner Funktionsweise. Der Begriff Code ist selbstverständlich zu eng. Die Chromosomstrukturen … sind zugleich Gesetzbuch und ausübende Gewalt, Plan des Architekten und Handwerker des Baumeisters." [2]

> *Chromosomstrukturen sind*
> *Gesetzbuch und ausübende Gewalt,*
> *Plan des Architekten*
> *und Handwerker des Baumeisters.*
>
> Erwin Schrödinger

Ein Gen enthält viel zu wenig Atome, ist also viel zu klein, um ein geordnetes Verhalten nach den Gesetzen der herkömmlichen Physik zu bedingen. Die sprunghaften Mutationen, die in der Biologie vorkommen, sind für Schrödinger mit den Quantensprüngen in der Quantentheorie vergleichbar.

„Der Ausdruck *sprungartig* bedeutet nicht, dass die Änderung sehr beträchtlich sei, sondern nur, dass es zwischen den unveränderten und den wenig veränderten Formen keine vermittelnden Übergänge gibt. „Der wesentliche Punkt liegt in der Übergangslosigkeit. Sie erinnert den Physiker an die Quantentheorie - zwischen zwei benachbarten Energiestufen kommen ebenfalls keine Zwischenstufen vor." [1]

Ein lebendiger Organismus ist deswegen so rätselhaft, weil er sich dem raschen Verfall in einen unbewegten Gleichgewichtszustand entzieht. Deshalb wurde im philosophischen Denken behauptet, „im Organismus sei eine unkörperliche, übernatürliche Kraft wirksam (vis viva, Entelechie)." [2] Schrödinger sieht nicht den Stoffwechsel (Metabolismus) als das Wesentliche an, denn in einem erwachsenen Organismus ist der Energiegehalt ebenso feststehend wie der Gehalt an stofflicher Substanz.

„Denn jede Kalorie ist bestimmt gerade so viel wert wie jede andere. Es ist nicht einzusehen, wie ein bloßer Austausch wirken könnte." Jeder lebende Organismus – wie alles, was in der Natur vor sich geht – vergrößert die Entropie jenes Teils der Welt, welchen er betrifft. Ein lebendiger Körper produziert eine positive Entropie und strebt damit den gefährlichen Zustand maximaler Entropie an, der den Tod bedeutet. Ein Organismus ernährt sich dementsprechend von einer Art *negativer Entropie.* [2]

*Ein Organismus ernährt sich
von negativer Entropie.*

Für Schrödinger sind es zwei Mechanismen, die Ordnung erzeugen können: der statistische Mechanismus, der Ordnung aus Unordnung erzeugt und der *neue Mechanismus*, der Ordnung aus Ordnung schafft. Das zweite ist jener Mechanismus, wenn eine kleine, aber hochorganisierte Atomgruppe fähig ist, geordnete Vorgänge hervorzubringen. [3]

Vis viva ...

heißt übersetzt *lebendige Kraft* und ist eine historische Bezeichnung für die Größe, die der Universalgelehrte Gottfried Wilhelm Leibniz (1646-1716) für die *Energie in der Bewegung* eingeführt hatte.

Diese Größe bleibt bei elastischen Stößen und vielen anderen mechanischen Vorgängen erhalten. Sie ist zugleich Ausdruck eines fundamentalen Umstrukturierungsprozesses, der sich wissenschafsgeschichtlich als Wende von der Statik zur Dynamik darstellt.

Im 18. Jahrhundert gab es einen Streit unter den Philosophen um die wahren Grundgrößen der Mechanik. Ebenso verwendete Leibnitz den aristotelischen Begriff der Entelechie, der eine zielgerichtete Entwicklung im Sinn einer Entfaltung bezeichnet.

Das bedeutet, dass die Anlagen eines Lebewesens sich so entwickeln, wie sie von der Natur vorgegeben sind.

Upanischaden ...

sind eine Sammlung von hinduistischen Schriften. Sie sind Bestandteil der Veda und wurden zwischen 700 und 200 v. Chr. niedergeschrieben. Sie spielen bis heute eine wichtige Rolle.

BRAHMAN
World Soul

In jeder Religion haben die Begriffe ihre eigene Prägung. Es lässt sich allerdings beobachten, dass es viele gemeinsame Vorstellungen von jenem Phänomen gibt, das im Hinduismus *Atman* oder *Prana* genannt wird, im Buddhismus *Qi* (die Lebensenergie), im Hebräischen *Ruach* (der Gotteswind), *Ruh* im Islam und in der griechischen Philosophie *Pneuma*.

Bewusstsein als Singular

Dieses Prinzip ist für Schrödinger nichts anderes als das Prinzip der Quantentheorie. Jedes bewusst denkende geistige Wesen ist die Person, welche die Bewegung der Atome in Übereinstimmung mit den Naturgesetzen leitet. Im christlichen Kulturkreis mag es gotteslästerlich klingen, wenn man sagt „also bin ich der liebe Gott", aber diese Einsicht ist mindestens 2500 Jahre alt.

> „Seit den frühen großen Upanischaden betrachtet die indische Philosophie die Gleichsetzung Atman = Brahman (das persönliche Selbst ist dem allgegenwärtigen, allesumfassenden ewigen Selbst gleich) keineswegs als Gotteslästerung, sondern ganz im Gegenteil als die tiefste Einsicht in das Weltgeschehen.... Auch die Mystiker vieler Jahrhunderte haben unabhängig voneinander und doch in vollkommener Harmonie...die einzigartige Erfahrung ihres Lebens in Worten beschrieben, die sich zu dem Satz verdichten lassen: Deus factus sum (Ich bin Gott geworden)." [2]

Der westlichen Vielheitshypothese, die die Vielheit der Körper wie die Vielheit der Seelen umfasst, stellt Schrödinger die Einheit entgegen. „Wir müssen uns an die unmittelbare Erfahrung halten, dass das Bewusstsein ein Singular ist, dessen Plural wir nicht kennen; dass nur eines wirklich ist und das, was eine Mehrzahl zu sein scheint, nur eine durch Täuschung (das indische Maja) entstandene Vielfalt von verschiedenen Erscheinungsformen dieses Einen ist.... Und doch haben wir alle den unbestreitbaren Eindruck, dass die Gesamtheit unserer persönlichen Erfahrungen und Erinnerungen eine Einheit bildet, die von derjenigen irgendeiner anderen Person durchaus verschieden ist. Wir nennen diese Einheit unser „Ich" … . Und selbst wenn es einem geschickten Hypnotiseur gelingen sollte, alle früheren Erinnerungen in einem Menschen auszulöschen, so würde man doch nicht feststellen, dass er ihn getötet hat. In keinem Fall ist hier ein Verlust persönlichen Daseins zu beklagen. Und das wird auch nie der Fall sein."

Atman bedeutet in den Upanischaden *Atem, Hauch.* Atman ist die Einzelseele. Es ist das wahre Selbst des Menschen. Es steht hinter allen konkreten Formen und Bewusstseinsinhalten. Atman ist unveränderlich, auch wenn Gedanken und Gefühle sich verändern.

Vielleicht ist Atman in der christlichen Vorstellung mit dem vergleichbar, was Meister Eckhart unter dem unerschaffenen Seelenfünklein verstanden hatte. Denn Atman ist der im Menschen verborgene ruhende göttliche Urgrund. Er ist mit dem kosmischen Prinzip Brahman wesensgleich.

Auch die östlichen Begriffe in den Upanischaden sind für unser Verständnis interpretationsbedürftig. Sie machen den Eindruck einer gewissen Blutleere. Ein wenig mehr an *Erinnerung, Fühlen und Wollen* würde diesen Eindruck korrigieren.

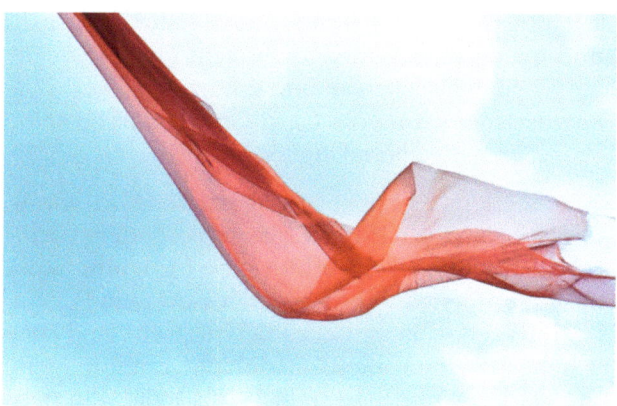

Der Wind ist in vielen Kulturen sprachlich mit dem Geist verwandt. Wind ist mehr als ein Symbol, er ist reale Kraft.

Ruach …

ist das hebräische Wort für *Wind, Hauch, Atem* und bezieht sich auf den menschlichen wie auf den göttlichen Geist. Oft bewirkt der göttliche Geist im Menschen besondere Taten oder Begabungen. Er ist einerseits nicht verfügbar, wirkt andererseits jedoch sehr real und konkret in die Welt hinein.

In ähnlicher Weise ist im neuen Testament das griechische Wort *pneuma* der göttliche Geber wie auch die Gabe, die sich im Menschen auswirkt.

Für Platon war der Leib der Kerker der Seele. Östliche Erlösungsvorstellungen zielen auf die Loslösung von allem Stofflichen. Auch die christliche Kirche kannte lange Zeit eine Leibfeindlichkeit, die das Körperliche abwertete. Die Trennung von Geist und Materie ist in der modernen Physik überwunden.

Auch die zeitweilige Definition von Geist als *Verstand* war eine Reduktion, ebenso wie die einseitige Verbindung von Geist mit *Sittlichkeit* und Moral.

war Gott der heilige Geist. Er unterschied ihn in der Darstellung des Johannesevangeliums vom menschlichen Geist.

Gottes eigener Geist kann vom Menschen empfangen werden, darauf kam es den ersten Christen an.

In der Theologiegeschichte hat es daraufhin unzählige Versuche gegeben, zwischen Geist und Seele zu unterscheiden. Es erinnert an die babylonische Sprachverwirrung, wie zahlreich die Definitionen sind. Eindeutig ist, dass im Neuen Testament niemals die menschliche Klugheit und der Verstand als göttlicher Geist bezeichnet werden. Im Gegenteil, die vermeintliche Klugheit kann eine Torheit sein.

Heute wird in der Fachsprache nicht zwischen Geist und Seele unterschieden. Geist (engl. Mind) umfasst das Bewusstsein, den Verstand wie auch andere emotionale und psychische Funktionen.

Gott ist Geist

Jede Definition ist nur eine Annäherung an ein unbeschreibliches Mysterium. Sie nimmt einen Aspekt aus dem Ganzen heraus und beschreibt ihn zutreffend. Meist ist es so, dass ein weiterer Gedankengang sich von einer anderen Seite dem Mysterium nähert. Wie soll man Unbeschreibliches in Worte fassen? Nun ist es eine unbestreitbare Tatsache, dass die Bibel sehr viele Worte über das Unbeschreibliche verliert und die Theologen mit der Heiligen Schrift aus einer tiefen Quelle schöpfen können, wenn sie versuchen, das Unsagbare sagbar zu machen. Eine der wichtigsten Definitionen von Gott wird Jesus selbst in den Mund gelegt: *Gott ist Geist.*

> *Gott ist Geist,*
> *und die ihn anbeten, die müssen ihn im Geist*
> *und in der Wahrheit anbeten.*
>
> *Johannes 4,24*

Ich möchte den Begriff *Geist* mit dem Wort *Bewusstsein* gleichsetzen, was zusätzlich die **Seele** umfasst. Theologisch folge ich damit den religiösen mystischen Schriften von Meister Eckhardt und Angelus Silesius. Es besteht eine Analogie zwischen menschlichem und göttlichem Geist. Das Bewusstsein kann vom Geist Gottes geprägt sein, aber auch von einem Ungeist.

Ein wichtiger Aspekt ist mir mit der Konzentration auf den Begriff Bewusstsein besonders wichtig: Ein Bewusstsein bildet eine Persönlichkeit aus. Die Vorstellung, dass auch Gott eine Person ist, indem sein kosmisches Bewusstsein eine kosmische Persönlichkeit ausbildet, kommt dem Menschen in der Begegnung ganz nahe. Ein persönlicher Gott kann bei seinem Namen genannt werden und spricht mich persönlich an.

Aus Wasser und Geist

Der Evangelist Johannes schildert ein Gespräch zwischen Jesus und Nikodemus über das Thema der Neugeburt. Eine Analogie zwischen physischer und geistlicher Geburt bekräftig Jesus mit einer Veranschaulichung: Der Wind ist den physischen Wesen unsichtbar. Ebenso sind diejenigen, die als Geistwesen wiedergeboren wurden, unsichtbar.

> *Wahrlich, wahrlich, Ich sage dir:*
> *Wenn jemand nicht aus Wasser und Geist geboren*
> *wird, kann er nicht ins Reich Gottes eingehen.*
>
> *Johannes 3,5*

Die Wiedergeburt ist ein göttliches Geschenk, ein Mysterium. Es beschreibt die Zueignung des Heils in seiner ganzen Fülle. In diesem Prozess findet ein intensiver Austausch zwischen dem menschlichen und dem göttlichen Bewusstsein statt. Gottes Geist ist sicherlich der entscheidende Part. Aber er interagiert mit dem menschlichen Geist in einer Art, die an eine (wenn auch ungleichgewichtige) Kooperation denken lässt.

Das Christentum ist (im positiven Sinne) eine *Mysterienreligion*, wobei ich nicht meine, dass es sich in irgendeiner Art und Weise in die vielen anderen bekannten Mysterienkulte einreiht und damit seine Besonderheit verliert. Die Wahrheit des Mysteriums wird durch Vergleichbares immer nur bekräftigt.

Wiedergeburt ...

ist im christlichen Kontext nicht mit der Reinkarnation in den östlichen Religionen zu verwechseln.

Das neutestamentliche Wort Anagénesis wäre besser als *Neuzeugung* zu übersetzen. Aber der Begriff Wiedergeburt hat eine Tradition und will die geistliche Neugeburt eines Individuums beschreiben.

Um das umfassende Mysterium der Wiedergeburt zu verstehen, ist auch ein Blick in die hellenistischen Mysterienreligionen hilfreich. In ihnen ging es um das Heil; sie sicherten die Unsterblichkeit, das ewige Leben.

Mysterium ...

wird gewöhnlich mit *Geheimnis* übersetzt. Es handelt sich um einen Sachverhalt, der sich der Erklärbarkeit prinzipiell entzieht. Es bezieht sich ursprünglich auf kultische Feiern, deren Kern geheim bleibt. Im Neuen Testament wird das Wort für die Offenbarung verwendet. Bei Paulus bezieht es sich auf den Kreuzestod Jesu Christi, dessen Geheimnis darin besteht, dass er Heil und Rettung bringt.

In 1. Tim. 3,9 wird vom *Geheimnis des Glaubens* gesprochen. Die katholische Abendmahlsliturgie hat dieses Wort aufgenommen. In einer Sakramententheologie spielen die sakralen Handlungen wie Taufe oder Eucharistie eine wichtige Rolle bei der Teilhabe an der Heilstat Christi.

Aber auch in der neuzeitlichen evangelischen Erweckungsbewegung ist die Entscheidung für den Glauben oft mit Symbolen und Handlungen verbunden.

Dies gilt auch für den Vergleich der christlichen Ursprünge mit anderen Mysterienreligionen. Die allen verwandte Vorstellung ist, dass ein göttliches Ereignis, *historisch oder mythisch,* die Grundlage der Rettung und Wiedergeburt ist.

Vergegenwärtigung

In unserem Fall ist es das Auftreten von Jesus Christus als Sohn Gottes, der in seinem Leben Gott selbst verkörperte und in seinem Sterben die widergöttlichen Mächte am Kreuz von Golgatha bezwang. Dieses heilige Ereignis ist zwar einmalig, aber es wird in der Gemeinde der Gläubigen vergegenwärtigt. Ein jeder, der Christ ist, nimmt aktiv an dem Mysterium teil, indem er die Heilstat Christi aus der Vergangenheit in der Gegenwart darstellt, vielleicht auch symbolisch, und sich so das Heil aneignet. Für Christen kann es in einer Taufhandlung bestehen, in einem Bußgebet oder einer öffentlichen Bekehrung zu Christus, die durch das Sprechen eines Glaubensbekenntnisses, eines Gebetes oder durch eine Handlung bekräftigt werden kann.

> *Wie viele ihn aber aufnahmen, denen gab er Macht, Gottes Kinder zu werden: denen, die an seinen Namen glauben.*
>
> *Johannes 1, 12*

Welche symbolische Handlung damit auch verbunden ist, in der Verbindung mit einem ernsthaften Glauben hat das Symbol eine reale Kraft. Es wirkt nicht mehr nur historisch, sondern in mysterio, sakramental. Und damit wirkt es auch *real.* Für das Geheimnis muss es eine physikalische Grundlage geben. Sie wird sich allenfalls denjenigen erschließen, die *dem Namen glauben.*

Zusammenfassung

Wir wollen das Leben nicht bloß biologisch betrachten, sondern auf die kleinste physikalische Ebene herunterbrechen. Unser Leben besteht daraus, dass die Entropie zurückgesetzt wird und unser Organismus Wärme an die Umwelt abgibt, die Entropie also wieder zunimmt. Eine Unstimmigkeit beim Nullten Hauptsatz der Thermodynamik führt uns zu einem Wechselspiel zwischen Entropie und Gravitation. Bezüglich des Ersten Hauptsatzes gilt, dass Quantenmechanische Zustände keine Energieeigenzustände sind, sondern eine Basis von Zuständen, und jede Überlagerung ist ein möglicher Zustand des Systems (Superposition). Der Zweite Hauptsatz schließt nicht aus: Physikalische Prozesse, die in einer zeitlichen Abfolge ablaufen, können auch umgekehrt ablaufen.

Erwin Schrödinger beantwortete die Frage, was Leben ausmacht, von der Physik her und brachte die Idee der Information in die Biologie. Chromosomstrukturen sind Gesetzbuch und ausübende Gewalt, Plan des Architekten und Handwerker des Baumeisters. Eine kleine, organisierte Atomgruppe ist fähig, geordnete Vorgänge hervorzubringen. Ein bewusst denkendes Wesen bewegt die Atome in Übereinstimmung mit den Naturgesetzen. Schrödinger bezieht sich auf die Upanischaden. Atman, das persönliche Selbst ist dem allgegenwärtigen, alles umfassenden, ewigen Selbst, Brahman, gleich.

Die biblischen Worte Ruach und Pneuma bringen das Persönliche ins Spiel: Gott ist Geist. Die spirituelle Neugeburt des Menschen aus dem Geist ist ein göttliches Geheimnis. Das Mysterium ist der Kern der Religion und gibt Anteil an der Heilstat Christi. Die Aneignung erfolgt sakramental und real als Aufnahme Christi in das eigene Leben.

Kapitel 3

Nahtoderfahrungen

Out-Of-Body-Experience

Annalena machte auf der Intensivstation eines Krankenhauses eine außergewöhnliche Erfahrung. Die Ärzte waren sich nicht sicher, ob die damals Magersüchtige die Nacht überhaupt noch überleben würde. Sie war 17 Jahre alt und wog noch 29 Kilo. Die Ärzte schüttelten nur den Kopf und sagten: Bei den Werten lebt man noch? Doch in einer Nacht passiert etwas Außergewöhnliches, was man in der Nahtoderforschung eine *außerkörperliche Erfahrung* nennt.

> *Dann bin ich auf einmal aus meinem Körper aufgestanden und auf einmal war alles weiß und ich blicke auf einmal nach vorne und da sitzt Gott.*
>
> *Annalena Reimann*

Nino Lopez[1] berichtete in einer Dokumentation über alles, was Annalena erzählte: „Und dann habe ich auf einmal neben mich geblickt und habe da meine Oma gesehen. Und sobald sie meine Hand angefasst hat, ist all meine Angst verschwunden und ich habe einfach eine unglaubliche Geborgenheit gefühlt."

Nach diesem Nahtoderlebnis hat Annalena das Gefühl, etwas Fundamentales und Außergewöhnliches erlebt zu haben. „Vor allen Dingen nach meiner Nahtoderfahrung muss ich sagen, dass ich mittlerweile klar unterscheide zwischen Körper und Seele, weil ich einfach nach meiner Nahtoderfahrung aus meinem Körper ausgetreten bin und gesehen habe, dass ich eine Seele besitze, während mein Körper da liegt."

Mehr als ein Traum ...

sind für die meisten Menschen die intensiven Erfahrungen in Todesnähe. Die Betroffenen können sich noch nach Jahren bildhaft an ihre Erlebnisse erinnern.

Von einem *Traum* wollen diese Menschen ihre Erlebnisse deutlich unterschieden wissen, was die Intensität und den Charakter der Erfahrung betrifft. Ähnlichkeiten zu luziden Träumen sind natürlich gegeben

Eine typische Nahtoderfahrung: die Seele verlässt den Körper.

heißt in der englisch-sprachigen Literatur *evidence*. Das abgeleitete Wort Evidenz meint die unmittelbare kognitive Nachvollziehbarkeit eines Zusammenhangs.

Beachtet man diesen feinen Unterschied, wundert es einen nicht mehr, dass in den Übersetzungen englischsprachiger Werke sehr schnell von *Beweisen* die Rede ist, so auch in vielen Publikationen über Nahtoderfahrungen.

Sämtliche Schlussfolgerungen auf dem Gebiet der Nahtoderfahrungen haben jedoch allesamt nur den Charakter des englischen Wortes *evidence*.

Und in der Tat muss man den beeindruckenden Forschungen auf diesem Gebiet eine wissenschaftliche Nachvollziehbarkeit bescheinigen. Theorien werden plausibel gemacht. Wissenschaftler, die eine Beweislast viel höher ansetzen, werden ihren Anspruch nicht befriedigt finden.

NTE *in der Forschung*

In den letzten Jahren wurden zigtausende von Nahtoderfahrungen (NTE) gesammelt, systematisiert und verglichen. Dabei zeigten sich Unterschiede und Gemeinsamkeiten. NTE sind so unterschiedlich wie die Menschen, die sie erlebt haben. Aber es gibt überraschende Gemeinsamkeiten in den Berichten, die sehr früh erkannt worden sind und von der kulturübergreifenden Studie NDERF bestätigt wurden. „Ob in der Nahtoderfahrung eines Hindu in Indien, eines Muslim in Ägypten oder eines Christen in den USA, in allen zeigen sich dieselben Kernelemente." [1]

Zu den Kernelementen von Nahtoderfahrungen zählt Jeffrey Long: Außerkörperliche Erfahrungen, Tunnelerlebnisse, Empfindungen tiefen Friedens, Lichtwesen, eine Lebensrückschau, der Unwille zurückzukehren und eine innere Wandlung nach der Nahtoderfahrung. Doch bereits Mitte der 1970er Jahre traten Ärzte und Überlebende mit den ersten Nahtoderfahrungen an die Öffentlichkeit. Allen voran: Raymond A. Moody, Elisabeth Kübler-Ross und George Ritchie. Ihre Forschungen verliefen retroperspektiv, das heißt, Berichte wurden dann in eine Studie aufgenommen, wenn die Betroffenen sich selbst meldeten und mit ihrem Erlebnis auf die Nahtodesforscher zugingen. Das geschah oft viele Jahre nach den Ereignissen. Die Ergebnisse der ersten Forscher wurden zunächst von der Wissenschaft mit großer Skepsis betrachtet. Erst sehr viele Jahre später entstand in der Öffentlichkeit eine Offenheit für die Berichte. So haben wir heute eine allgemeine Akzeptanz der Forschungsergebnisse: Nahtoderfahrungen werden nicht in Frage gestellt. Unterschiede bestehen nur in der Bewertung! Es steht z.B. außer Frage, dass Menschen die außerkörperliche Erfahrung gemacht haben. Aber es ist eine Frage der Einschätzung, ob die Seele wirklich den Körper verlassen hat.

Die ersten 150 Fälle von NTE veröffentlichte Moody 1975 unter dem Buchtitel *Life After Life*. Er beschrieb folgende Erfahrungen, wobei die Reihenfolge des Erlebten unterschiedlich sein kann:[2]

Eine typische Nahtoderfahrung: Bewegung der menschlichen Seelen durch einen dunklen oder hellen Tunnel.

- Wahrnehmung eines unangenehmen *Geräusches*
- Bewegung durch einen langen, dunklen oder hellen *Tunnel*
- der Betroffene befindet sich plötzlich *außerhalb* seines Körpers und nimmt seine Umgebung wahr
- langsame *Gewöhnung* an den neuen Zustand
- Erkennen, dass man weiterhin eine Art *Körper* besitzt, der sich jedoch vom vorigen unterscheidet
- Andere Wesen, oft bekannte *Verstorbene*, nähern sich, begrüßen ihn/sie.
- Erscheinung eines *Lichtwesens*, das gelegentlich mit Christus oder mit anderen religiösen Personen gleichgesetzt wird.
- Das Lichtwesen richtet ohne Worte eine *Frage* an den Sterbenden, die ihn zu einer Bewertung des eigenen Lebens führen soll.
- Zeitlose *Rückschau* über das eigene Leben.
- Annäherung an eine *Schranke*, die die Scheidelinie zwischen Leben und Tod symbolisiert.
- Widerstand gegen die Erkenntnis, dass man wieder ins Leben zurückkehren muss.
- Gefühl umfassender *Freude, Liebe und Friedens*
- Mitteilungsversuche an die Ärzte und die Umgebung.
- Folgen im Leben (betroffene Personen nehmen das Leben tiefer und erweiterter wahr, sie setzen sich verstärkt mit großen philosophischen Grundfragen auseinander).
- Neue Bewertung des *Todes* (Personen, die immer Angst vor dem Tod hatten, sind nun furchtlos).

Diesseits ...

oder Jenseits? Die Beantwortung der Frage hängt von dem eigenen Weltbild ab. Kritiker von NTE betonen in der Regel, dass NTE *Diesseits*– Erfahrungen sind. Das Missverständnis besteht darin, dass die Kritiker oft unter dem *Jenseits* etwas radikal Anderes zum Diesseits verstehen, sozusagen das unbeschreibliche Gegenteil von Allem, was existiert. Die religiöse Erfahrung legt aber den Gedanken nahe, dass Jenseits und Diesseits eng miteinander verwoben sind. NTE stellen wie Träume eine Verbindung dar.

P.v. Lommel

Anzahl der Reanimationen: 509
Durchschnittliches Alter: 62 Jahre

Männer	73%
Frauen	27%
Religiös	72%
Gebildet	66%
Vorkenntnis	57%
Frühere NTE	4%
Todesangst	2%
1.Herzinfarkt	86%

Reanimation im KH
234 Patienten

Herzstillstand < 2 Min
190 Patienten

Wiedereinsetzung des
Bewusstseins < 5 Min
187 Patienten

Reanimation außerhalb
KH 104   Pat.

Herzstillstand > 2 Min
88 Patienten

Bewusstlos > 10 Minuten 62   Patienten

Bewusstlos > 1 Stunde
104 Patienten

Künstliche Beatmung
42 Patienten

Schädigung des Kurzzeitgedächtnisses
41 Patienten

Eine prospektive Studie

Internationale Beachtung fand im Jahre 2001 eine Studie von Pim van Lommel über Nahtoderfahrungen von Überlebenden, die einen Herzstillstand erlitten hatten und reanimiert wurden. Im Unterschied zu den Publikationen aus den 1970er und 1980er Jahren handelt es sich bei dieser Untersuchung um eine *prospektive Studie:* Man wartete nicht mehr darauf, ob sich Betroffene selbst melden würden, sondern fragte alle Patienten nach ihrer Reanimation, ob ihnen aus der Phase ihrer Bewusstlosigkeit etwas in Erinnerung geblieben ist. Van Lommel untersuchte 344 Fälle von Patienten, die erfolgreich reanimiert worden waren. Insgesamt waren es 509 erfolgreiche Reanimationen: [1]

Drei Viertel der Patienten konnten innerhalb von fünf Tagen nach der Wiederbelebung erstmalig befragt werden. Zwei und acht Jahre später wurden diejenigen, die eine Nahtoderfahrung hatten, noch einmal angehört. Das Ergebnis war sehr aufschlussreich: Nur 62 der 344 Wiederbelebten konnten von einer Nahtoderfahrung berichten. Das entsprach 18%. Nur 12% (41 Patienten) hatten eine tiefe Nahtoderfahrung. Der überwiegende Anteil der Patienten von 82% konnte sich nicht an die Phase ihrer Bewusstlosigkeit erinnern. Von den 62 Patienten wurden alle bekannten Elemente einer NTE genannt, in folgender Häufigkeit:

Positive Gefühle	56%
Die Erkenntnis, tot zu sein	50%
Begegnung mit Verstorbenen	32%
Bewegung durch den Tunnel	31%
Wahrnehmung Landschaften	29%
Außerkörperliche Erfahrung	24%
Kommunikation mit dem Licht	23%

Farbwahrnehmung	23%
Lebensrückblick	13%
Wahrnehmen einer Grenze	8%

Sind die zahlreichen Übereinstimmungen bereits ein Hinweis für die Existenz eines Jenseits? So einfach ist es nicht – und doch zeigen die gemeinsamen Muster der Erlebnisse: Das Bewusstsein befindet sich in einem Zustand, der sich von allen anderen Bewusstseinszuständen abhebt. Warum werden NTE überall auf der Welt, über Zeiten und Kulturen hinweg, in dieser Art und Weise erlebt? Im Detail unterscheiden sich NTE durchweg – aber warum gibt es dann die gemeinsamen Grundmuster, die NTE als einen einzigartigen Bewusstseinszustand kennzeichnen?

Eine wissenschaftliche Erklärung

Was geschieht aus biologischer Sicht beim Nahtod? Wenn das Herz des Patienten nicht mehr schlägt, stockt sein Blut in den Adern. Die roten Blutkörperchen können die Organe nicht mehr mit Sauerstoff versorgen. Schon innerhalb einer Minute sterben die ersten Gehirnzellen ab, nach etwa 10 Minuten leiden auch die anderen Organe unter Sauerstoffmangel. Nun zersetzen sich die ersten Zellen in Lunge, Leber und Niere. Ab der 15. Minute sterben größere Areale des Gehirns.

Können NTE allein auf den Sauerstoff-Mangel und den Kohlendioxid-Überschuss im Gehirn zurückgeführt werden? Michael Schröter-Kunhardt, Facharzt für Psychiatrie und Leiter der deutschen Sektion der "International Association for Near-Death Studies" (IANDS), weist darauf hin, dass die Sauerstoffmangel-Theorie sich als Erklärung für NTE mittlerweile als zu einfach erwiesen hat.[1] Als sicher gilt inzwischen, dass NTE im funktionierenden Gehirn stattfinden. Sie treten auch bei normalem Sauerstoff-Gehalt im Gehirn auf.

Das Gehirn ...

ist zunächst der biologische Ort, an dem Nahtoderfahrungen lokalisiert werden.

Grundsätzlich ist die rechte Hemisphäre des Gehirns für typische NTE-Eigenschaften zuständig, dort vor allem die Temporalregion. Das betrifft also die nonverbalen, die bildbetonten, räumlichen und ganzheitlichen Leistungen, aber auch die Objekt- und Gesichtserkennungen und besonders die autobiographischen Langzeitgedächtnis-Leistungen.

Die rechte Hemisphäre des Gehirns ist auch besonders wichtig für die paranormalen Wahrnehmungen, die in Träumen am häufigsten vorkommen.

Schließlich spielt der rechte Temporallappen offenbar eine wichtige Rolle bei Nahtoderfahrungen, denn es wurde festgestellt, dass Halluzinogene wie LSD keine visuellen Phänomene mehr auslösen, wenn der Temporallappen chirurgisch entfernt wurde.

Bewertung

An der Faktizität von NTE kann heute niemand mehr vorbeigehen. Aber wie sind die vorliegenden Fakten zu bewerten? Immer noch scheiden sich an NTE die Geister. Kritiker setzen die Besonderheiten von NTE gern herab, indem sie behaupten, NTE seien nichts weiter als *Halluzinationen* oder *Träume*.

Befürworter von NTE stellen die Bedeutsamkeit von NTE heraus und reagieren auf die Kritiker mit Gereiztheit oder angestrengter Beweisführung. Sie behaupten fest, NTE seien nicht aus dem Vorhandenen ableitbar. Für beide Positionen bedarf es zunächst einer Grundlagenklärung.

Madonna mit Kind — eine Erscheinung in den Wolken. Viele Nahtoderfahrungen beinhalten religiöse Elemente.

Ich möchte als Grundlage für meine Bewertung von NTE festhalten, dass eine wissenschaftliche Erklärbarkeit von NTE keineswegs gegen ihre Außergewöhnlichkeit spricht, und auch nicht gegen die Existenz eines Jenseits. Eine solche Herabsetzung der Bedeutung von NTE würde auf dem Missverständnis beruhen, das Jenseitige, Spirituelle oder Göttliche habe keine Dimension in der uns bekannten Welt und dürfte prinzipiell nicht erklärbar sein. Dieses Gottes- und Weltbild würde ich jedoch in Frage stellen wollen.

Als hilfreich würde ich es empfinden, sich von dem Versuch gänzlich zu verabschieden, Gott nur in den Dingen zu vermuten, die wir nicht erklären können - oder *noch* nicht erklären können.

Lückenbüßer ...

nennt man eine Vorstellung, in der Gott eine Lücke ausfüllt, die von der Wissenschaft noch nicht geschlossen wurde. Problematisch ist, dass Gott verschwindet, sobald eine plausible Erklärung gefunden ist.

Ich plädiere dafür, den Gottesgedanken grundsätzlich nicht mit den Lücken in der Wissenschaft zu füllen, sondern es von Anfang an mit dem Erklärbaren zu versuchen. Gott gehört zur *einen* Welt.

Interdisziplinär

... scheint die Annäherung an das Phänomen NTE am erfolgversprechendsten. Leben und Sterben von Lebewesen sind durch biologische Prozesse allein nicht hinreichend beschrieben.

Die Biologie beschreibt, wie jede Disziplin, nur ihren eigenen Aspekt der Wirklichkeit. Sie ist in der Regel nicht in der Lage, die Prozesse auf außerhalb ihres Wissensgebietes liegende Vorgänge und Kräfte zurückzuführen.

Die verschiedenen Fachrichtungen können sich in vielen Fällen komplementär ergänzen. Ein ganzheitliches Weltbild darf nie auf Teilaspekte reduziert werden.

„Angesichts des bisher überwiegend hypothetischen Charakters der neurobiologischen Korrelate der Near-Death-Experiences ... kommt der fachübergreifenden anthropologischen Zusammenschau der NDE-Forschungsergebnisse die größte Bedeutung zu." [3]

Pim van Lommel kommt in seiner bereits vorgestellten Untersuchung (2003) von 344 Herzpatienten, die klinisch tot waren, zu einem ähnlichen Ergebnis. „Sauerstoffmangel allein kann eine NTE nicht erklären, denn auch bei Todesangst oder eine tiefen Depression kann eine NTE erlebt werden, ohne dass eine lebensbedrohliche Situation besteht." [1]

Höchstens *ein* Faktor kann in Bezug auf mögliche Erfahrungen eine Rolle spielen: Die besondere Sauerstoffmangel-Empfindlichkeit des Hippocampus, die zu epileptischen Entladungen im Temporallappen führen kann. Die anfallartige Plötzlichkeit und kurze Dauer von NTE hat eine Nähe zu epileptischen Anfällen gezeigt. Die Unterschiede sind jedoch so groß, dass NTE nicht einfach als epileptoide Aktivität des rechten Temporallappens gedeutet werden kann.

Vorsichtig könnten NTE aus neurophysiologischer Sicht mit Michael Schröter-Kunhardt definiert werden als „eine äußerst genau gesteuerte und damit biologisch angelegte Aktivation bestimmter Areale des temporo-limbischen Systems". [2]

> *NTE sind eine äußerst genau gesteuerte und damit biologisch angelegte Aktivation bestimmter Areale des temporo-limbischen Systems.*
> Michael Schröter-Kunhardt

Der Nahtoderfahrene Wolfgang Hermann Moissl fasst seine Erfahrung für sich zusammen:

Es ist für mich ein Beweis dafür, dass es eine jenseitige Dimension gibt. Es ist für mich auch in gewisser Weise ein Gottesbeweis, wobei ich klar sagen muss, dass ich die Vorstellung von Gott, die so landläufig existiert, so nicht vorgefunden habe. [4]

Subjektivität ...

ist die Eigenschaft, die
eine Person von einem
Gegenstand unterschei-
det. Es geht dabei um
Erfahrung und Befind-
lichkeit einer Person,
ihr Denken, Fühlen,
Wünschen und Wollen.
Vor allem aber bezeich-
net Subjektivität die
Fähigkeit, sich selbst
zur Welt in Beziehung
setzen zu können.

Sören Kierkegaard ...

(1813 – 1855) formulier-
te zugespitzt: *Die Sub-
jektivität ist die Wahr-
heit.*[2] Er meinte damit,
dass die Werte und
Überzeugungen für das
eigene Leben nicht aus
einer pseudo – objekti-
ven Wissenschaftlich-
keit stammen können.
Zur Innerlichkeit ge-
hört es aber auch, sich
in der Unwahrheit zu
wissen, als Sünder zu
erleben, deshalb konnte
Kierkegaard auch sa-
gen: *Die Subjektivität ist
die Unwahrheit.*
Immer ist die Innerlich-
keit aber der entschei-
dende Ort.

Wenn wir beginnen, Gott in denjenigen Dingen mindestens ebenso gründlich zu suchen, die wissenschaftlich erklärbar sind, wie wir es üblicherweise in jenen Phänomenen tun, die wir nicht erklären können, wird sich der Gottesgedanke nicht auflösen, wenn die Wissenschaften ihre Grenzen versetzen.

Wahrheit

Die transzendentalen Aspekte von NTE stehen nach dem bisher Gesagten nicht in einem Widerspruch zu den immanenten Vorgängen im Gehirn des Menschen. Die neurophysiologische Beschreibung ist beispielsweise nicht als Beweis gegen ein transzendentales Geschehen während NTE ins Feld zu führen.

Wir können bei allen wundersamen Erzählungen in der Bibel, die von Gotteserlebnissen berichten, beobachten, dass sich eine Transzendenzerfahrung niemals losgelöst von dem Bewusstsein des Betroffenen ereignet hat. Das persönliche Bewusstsein des Einzelnen spielt immer eine wichtige Rolle. Die Subjektivität des Menschen ist der Ort des transzendenten Geschehens.

Aus psychiatrisch-neurologischer Sicht formuliert Michael Schröter-Kunhardt: „Religiös-mystisches Erleben beruht dabei auf einer anhand der Nahtoderfahrungen/außerkörperlichen Erfahrungen nachgewiesenen biologisch angelegten Matrix, die durch keine Theorie hinweg erklärt werden kann und elementarer Bestandteil der menschlichen Psyche ist." [1]

Bei NTE handelt es sich um Phänomene des Bewusstseins, also um subjektives Erleben. Ein solches Erleben lässt sich nicht verobjektivieren. Die Betroffenen erleben NTE so real, wie sie kaum etwas in ihrem Leben als real bezeichnen würden. NTE haben deshalb immer ihre eigene Wahrheit.

Aus dieser Sichtweise heraus können wir das Persönliche in Nahtoderfahrungen ernst nehmen, ohne eine Verobjektivierung einfordern zu müssen.

> *Die Subjektivität des Menschen*
> *ist immer der Ort*
> *des transzendenten Geschehens.*

Die Erlebnisse des E. Alexander

Der amerikanische Neurochirurg Dr. Eben Alexander machte selbst während eines durch eine bakterielle Meningitis hervorgerufenen Komas Nahtoderfahrungen. Seine Erlebnisse enthalten fast alle Elemente, die von Tausenden von Nahtoderfahrenen in ähnlicher Weise berichtet wurden, jedoch sehr ausführlich sind.

Dunkelheit und Einsamkeit — viele Nahtoderfahrungen beginnen mit dieser Zustandsbeschreibung.

„Es herrschte Dunkelheit, aber eine sichtbare Dunkelheit – als sei ich in Schlamm getaucht, aber dennoch in der Lage hindurchzuschauen … . Auch ein Geräusch: ein tiefes rhythmisches Pochen, fern und doch stark, so dass jeder Schlag durch und durch geht. Wie ein Herzschlag? Ein bisschen, aber dunkler, mechanischer – wie der Klang von Metall auf Metall, als hämmere ein gigantischer, unterirdischer Schmied irgendwo in der Ferne auf seinem Amboss herum – so fest, dass der Schlag durch die Erde vibriert oder durch den Schlamm oder was immer das ist, was dich umgibt. Ich hatte keinen Körper – jedenfalls keinen, den ich wahrgenommen hätte. Ich war einfach da … ." [1]

Eben Alexander

* 1953 in Charlotte, N orth Carolina, USA, hat an verschiedenen Universitäten gelehrt und war an mehreren Krankenhäusern als Neurochirurg tätig. Er ist Autor des Bestsellers Proof of Heaven: A Neurosurgeon's Journey into the Afterlife. Unabhängig von der Glaubwürdigkeit des Berichts, ist seine NTE typisch.

Negative NTE ...

kommen häufiger vor, als man denkt. Dr. Maurice S. Rawlings schildert solche Vorkommnisse. [1]

Negative NTE erinnern an die bildhaften Beschreibungen der Hölle bzw. des Totenreichs mancher religiöser Schriften. Die Vermutung liegt nahe, dass bei den Autoren auch echte negative Erlebnisse zu Grunde liegen, vielleicht auch Nahtoderfahrungen.

Nahtoderfahrungen enthalten auch bedrohliche und furchteinflößende Elemente

Alexander beschreibt, dass er kein Zeitgefühl dafür hatte, wie lange er sich an diesem Ort aufgehalten habe. Ihn begleitete das Gefühl, als sei er schon immer dort gewesen und würde immer dort sein. Außerdem hatte er in diesem Zustand keine Erinnerung an sein Leben. „Ich kann nicht sagen, wann genau es passiert ist, aber an einem bestimmten Punkt nahm ich einige Objekte um mich herum wahr. Sie waren ein wenig wie Wurzeln und ein wenig wie Blutgefäße in einem gewaltigen, schlammigen Mutterleib. Sie strahlten ein dunkles, schmutziges Rot aus und reichten von einem Ort ganz weit oben bis zu einem anderen Ort ebenso weit unten... .

Groteske Tiergesichter kamen blubbernd aus dem Schlamm hervor, stöhnten oder krächzten und verschwanden wieder. Ab und zu hörte ich ein dumpfes Brüllen. Manchmal wandelte sich das Brüllen in einen gedämpften, rhythmischen Singsang, der sowohl erschreckend als auch auf eigenartige Weise vertraut war – als hätte ich all diese Laute irgendwann gekannt und selbst von mir gegeben."

Alexander beschreibt, dass er sich mehr und mehr wie ein Ich zu fühlen begann. Ein Zustand der Panik. „Dann nahm ich einen Geruch wahr: ein bisschen wie Kot, ein bisschen wie Blut, ein bisschen wie Erbrochenes. Mit anderen Worten: ein biologischer Geruch, doch es roch nach biologischem Tod, nicht nach biologischem Leben. Ich musste hier raus. Doch wohin?

Noch während ich diese Frage stellte, tauchte etwas Neues über mir aus der Dunkelheit auf – etwas, das nicht kalt oder tot oder dunkel war, sondern das genaue Gegenteil von all dem. Etwas war in der Dunkelheit aufgetaucht. Es drehte sich langsam und strahlte dabei dünne Fäden aus weiß-goldenem Licht aus. Als das geschah, begann die Dunkelheit … zu zersplittern.

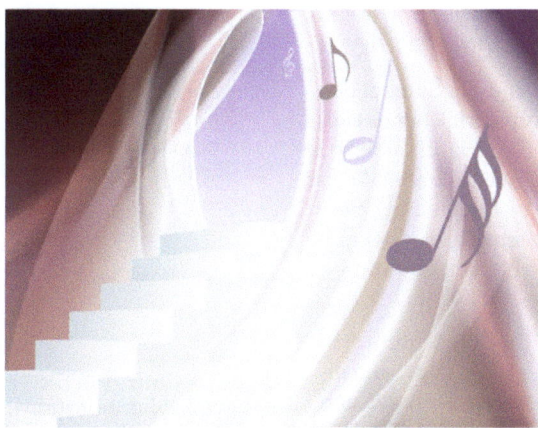

Musik und Licht lösen in vielen Nahtoderfahrungen die Dunkelheit und Einsamkeit ab.

Dann hörte ich ein neues Geräusch: einen lebendigen Klang. Es folgte das prächtigste, vielschichtigste, schönste Musikstück, das ich je gehört hatte. Während sich ein reines, helles Licht herabsenkte, wurde die Musik immer lauter und löste das monotone, mechanische Pochen ab, das bis dahin seit gefühlten Äonen mein einziger Begleiter gewesen war. Das Licht kam näher und immer nähe, drehte und drehte sich und brachte diese Fäden aus reinem, hellem Licht hervor, die wie ich jetzt sah, hier und da mit Gold gesprenkelt waren.

Dann tauchte mitten im Zentrum dieses Lichts noch etwas anderes auf. Ich konzentrierte meine Wahrnehmung angestrengt darauf, um herauszufinden, was es war. Eine Öffnung. Ich schaute überhaupt nicht mehr auf das sich langsam drehende Licht, sondern durch es hindurch. In dem Moment, in dem ich das begriffen hatte, begann ich mich nach oben zu bewegen. Schnell. Es gab ein zischendes Geräusch, und in Windeseile sauste ich durch die Öffnung und fand mich in einer völlig neuen Welt wieder.

Musik ...

steht in der Traumdeutung in enger Verbindung zu der eigenen Seele. Schöne und angenehme Musik zeigt eine innere Ausgeglichenheit und Zufriedenheit an. Schrille Musik warnt vor einem Ungleichgewicht. Musik kommt in Träumen nicht so häufig vor, im Durchschnitt redet man von weniger als 4% aller Träume. Es soll Fälle geben, wo Musiker durch einen Traum erfolgreiche Musik komponieren konnten.

Bei NTE ist das Hören von Musik viel häufiger und noch wesentlich eindrucksvoller.

Der Eintritt in die jenseitige Welt ist der Höhepunkt in viele Nahtoderfahrungen. Licht, Wärme, besondere Farben, alles ist wie in einer — realen ? — Traumwelt.

Alexander schildert den Eintritt in diese Welt als einen Flug – über eine Landschaft, die ihm vertraut erschien. Er flog über Menschen, die glücklich waren. Die Farben strahlten Wärme aus. Eine schöne Traumwelt – obwohl Alexander den Ort als vollkommen real erlebte. [1]

Ihm wird im Flug klar, dass er nicht allein ist. Eine schöne junge Frau begleitet ihn, wie auf einem Schmetterlingsflügel. Auch Schmetterlinge begleiten sie. Über den Wolken sieht Alexander Scharen von durchsichtigen Kugeln, die den Eindruck von höher entwickelten Wesen machten. Sie brachten einen Klang hervor, der wie ein greifbarer Gesang war. „Alles war deutlich und ausgeprägt, aber auch Teil von allem anderen wie die reichen und eng miteinander verflochtenen Muster eines Perserteppichs… oder eines Schmetterlingsflügels."

Alexander erlebt einen warmen Wind, der die Welt auf eine höhere Schwingung brachte. Hinter diesem Wind spürt er ein göttliches Wesen. Seine unausgesprochenen Fragen werden mit einer Explosion aus Licht, Farbe, Liebe und Schönheit beantwortet. Es waren Gedanken, die aber massiv und unmittelbar waren.

Inmitten einer dunklen, gewaltigen Leere kam Licht von einer strahlenden Kugel. Er spürt ein göttliches Wesen, das ihm nahe ist, obwohl er die unendliche Weite spüren kann. Er nennt diesen Gott später „Om", weil es der Klang war, den er im Zusammenhang mit diesem Gott im Koma gehört hatte. Die Kugel deutete er später als eine Art Übersetzer der göttlichen Präsenz. [1]

Die Erfahrung von Licht, Farbe, höheren Dimensionen und geistigen Wesen gehört sehr oft zu NTE.

Antworten

Über die Lichtkugel teilte das Om ihm mit, dass es nicht nur ein Universum gibt, sondern viele. Auch das Böse sei in anderen Universen präsent, weil es notwendig sei. Ohne freien Willen würden die Menschen nicht zu dem werden, was Gott sich für sie ersehnte. Letztlich würde die Liebe triumphieren.

Alexander sieht Universen, in denen das Leben höher entwickelt ist, erfährt höhere Dimensionen, die von einer niedrigeren Dimension nicht verstanden werden können. Unsere Welt aus Zeit und Raum betrachtet er mit dieser höheren Welt vernetzt, alles ist Teil derselben allumfassenden göttlichen Realität. [2] Die Antworten spiegeln die Persönlichkeit von Alexander wieder.

Bruce Greyson ...

ist Professor für Psychiatrie und Neuroverhaltenswissenschaft an der Universität von Virginia, beschreibt die weitreichenden Konsequenzen dieses Gedankens:

„Das Paradoxon, das gerade in einer Phase, in der die Durchblutung des Gehirns vollkommen zum Erliegen kommt, ein erweitertes und klares Bewusstsein sowie logische Denkprozesse möglich sind, wirft besonders heikle Fragen zu unserem heutigen Verständnis von Bewusstsein und der Beziehung zwischen Bewusstsein und Gehirntätigkeit auf.

Wenn klare Wahrnehmungen und die damit verbundenen komplexen Wahrnehmungsprozesse in einer Phase möglich sind, in der der klinische Tod des Patienten eindeutig nachgewiesen ist, gerät die Vorstellung, dass Bewusstsein sei ausschließlich im Gehirn lokalisiert, ins Wanken." [1]

Das Ende seiner Reisen bestand darin, dass er irgendwann auf der Schwelle zum Übergang stand und merkte, dass er ihn nicht mehr betreten konnte. Entsprechend seiner Stimmungslage der Schwermut sank er durch Wolken nach unten. Er sieht Gesichter von Menschen, die für ihn beten. Und erwacht aus dem Koma.

Mein persönliches Jenseits

Machen wir uns bewusst: Nahtoderlebnisse geschehen zu einem Zeitpunkt, in dem der Mensch für die Umwelt bereits als tot gilt — oder nahezu tot. Im radikalen Gegensatz zu dieser Annahme steht das eigene Bewusstsein des Nahtoderfahrenen. Dieses empfindet sich zu jenem Zeitpunkt als höchst lebendig. Die Aufmerksamkeit, die Wachheit und das Bewusstheit sind bei NTE unvergleichlich stark. Die spannende Frage ist nun: Wie würde sich dieser Vorgang bis zum *wirklichen* Tod des Nahtoderfahrenen entwickeln?

Niemand kann diese Frage beantworten, jedoch liegt eine Vermutung nahe: Alles deutet mehr auf eine Fortsetzung hin als auf das Gegenteil. In diesem Fall können wir annehmen, dass es eine Kontinuität des Ichs gibt, die mit dem Tod kein Ende findet.

> *Es gibt eine dauerhafte Kontinuität der Seele, die mit dem Tod kein Ende findet.*

Aber wie sieht das Jenseits aus? In Nahtoderfahrungen hat das *Danach* sehr viel mit dem *Davor* zu tun. Wie auch der Traum bestimmte Aspekte unserer Innenwelten spiegelt, so ist auch das Jenseits in NTE aus Erscheinungen aufgebaut, die in unserem Denken beheimatet sind. Die Welt, in die unsere Seele nach dem Tod eintaucht, ist eine selbst erschaffene Welt. Sie ist zunächst sehr individuell, als ob die Seele ihr eigenes Traumhaus gebaut hat. Es gibt keine einheitliche Welt nach dem Tod, sondern verschiedene Welten. Sind es immer paradiesische Welten?

Läuterung

Viele Nahtoderfahrungen beinhalten negative Erlebnisse. Sie deuten auf einen Läuterungsprozess hin oder auf die Existenz einer Art Hölle. In der katholischen Tradition gibt es auch noch das Fegefeuer, im Buddhismus das Kamaloka.

Jeder Prozess der Läuterung zielt auf ein positives Ende, wie es der Apostel Paulus für den Tag des Gerichts vorsieht: „Wird aber jemandes Werk verbrennen, so wird er Schaden leiden; er selbst aber wird gerettet werden, doch so wie durchs Feuer hindurch" 1. Ko. 3,15.

Im Jahr 2020 veröffentlichte BILD den bestürzenden Nahtodbericht von Matthew Botsford, der vor einem Restaurant in Atlanta (USA) am Kopf von einem Revolverschuss getroffen war. Auf dem Weg in die Klinik musste Matthew dreimal wiederbelebt werden. „Alles wurde schwarz. Ich befand mich sofort in einer Art riesigen Höhle, hing mit ausgestreckten Armen wie bei einer Kreuzigung an die Felswand gekettet, unter mir der endlose Abgrund." Es roch nach verrottendem Fleisch. In der Dunkelheit tauchten Augenpaare auf, Krallen, die ihm die Haut vom Körper rissen. „Ich wusste, dass ich nichts tun konnte, um diese Qual zu beenden, denn ich war außerhalb der Zeit. Ich war in der Ewigkeit."

Glühende Lava spritze, verbrannte seine Beine bis auf die Knochen. „Dann, sofort und genauso

Kamaloka ...

wird im Buddhismus das Reich der Begierde genannt. Es erstreckt sich von die Tiefen der Hölle bis zum lichten Reich der Devas. Gemäß der buddhistischen Seelenwanderungslehre durchwandert die Seele verschiedene Bereiche. Es bedarf nicht notwendigerweise einer fleischlichen Inkarnation des Ichs im Kreislauf der Wiedergeburten, sondern es gibt auch den nachtodlichen Weg der menschlichen Seele durch die Astralwelt.

Während der gesamten Kamaloka-Zeit erlebt der Astralleib Entbehrungen in den verschiedensten Formen. Somit erweist sich der östliche Begriff Kamaloka als eine Mischung aus dem griechischen Verständnis des Hades, der Totenwelt, und dem christlichen, katholischen Verständnis vom Fegefeuer.

Der christliche Begriff von der Hölle schließt dagegen einen weiteren Läuterungsprozess aus.

Die Hölle ...

ist in der Vergangenheit von den christlichen Kirchen als angstauslösende Vorstellung gebraucht worden, um Gläubige zu unterwerfen oder sie für weltliche, meist finanzielle, Zwecke zu missbrauchen.

In einer Art Gegenbewegung wurde sie in der modernen Zeit fast ausschließlich als ein Sprachbild für Qualen im Diesseits verwendet.

Für die Existenz einer Hölle spricht unser Gerechtigkeitsempfinden. Wie kann es sein, dass die schlimmsten Menschenrechtsverletzungen, im Jenseits nicht bestraft werden? Wenn es ganz offenkundig auf der Erde keine Gerechtigkeit gibt, muss es sie doch als Ausgleich im Jenseits geben.

Hölle ist in diesem Verständnis ein Zustand, in den sich ein Mensch selbst hinein bewegt, wenn er ein Leben in der Liebe Gottes verweigert. Dazu gehört für Paulus auch, wenn jemand das Versöhnungsangebot im Christusgeschehen ausschlägt.

schmerzhaft, heilte mein Fleisch immer wieder." Matthew befindet sich, so glaubt er, in einer Art Höllenverlies. „Voller Hoffnungslosigkeit, keine Gedanken an etwas Gutes, nur Qual, Hoffnungslosigkeit, Angst und Wut mir gegenüber."

Dann die Erlösung: Eine große, männliche Hand bahnte sich ihren Weg durch die Dunkelheit, ergriff seine Taille. „Alle Fesseln fielen weg, alle Schwärze verschwand und wurde durch glänzend silbrig-weiße Federn und eine Symphonie aus Orchestermusik und Chor ersetzt", beschreibt Matthew. „Meine ganze Hoffnungslosigkeit verschwand und wurde durch ein Gefühl der Rettung ersetzt. Diese Hand hob mich langsam absichtlich aus den schrecklichen Tiefen hoch und ich hörte eine Stimme, die sich wie rauschendes Gewässer, Donner und Blitz gleichzeitig anhörte: ‚Es ist nicht deine Zeit'!" [1]

Zustand

Für die Hölle gilt das Gleiche wie für den Läuterungsort. Es ist im Grunde eher ein Zustand als ein Ort im räumlichen Sinne. Die Hölle entspricht einem virtuellen Gefängnis des Bewusstseins. Wie die Hölle genau beschaffen ist und wie lange man darin ausharren muss, hängt ganz davon ab, ob eine Erlösung für die Seele möglich ist. Zunächst gibt es nach dem Tod ebenso viele Höllen wie auch seelische Abgründe, in denen die Seele sich verlieren kann. [2]

Im christlichen Glauben ist Christus auch der Erlöser aus dem Reich des Todes und der Finsternis. So sprach Christus zu Petrus: „Und ich sage dir auch: Du bist Petrus, und auf diesen Felsen will ich meine Gemeinde bauen, und die Pforten der Hölle sollen sie nicht überwältigen" Mt. 16,18. Allerdings schließt ein endgültiger Zustand in der Hölle einen weiteren Läuterungsprozess aus.

Zusammenfassung

Nahtoderfahrungen (NTE) werden von den Betroffenen anders und intensiver als Träume empfunden. Oft verlässt die Seele den Körper (Out-of-Body-Experience). Die Forschung zeigte, dass NTE individuell sind, aber überraschende Gemeinsamkeiten aufweisen. Klassisch sind die Forschungsarbeiten von Raymond A. Moody. Pim van Lommel führte eine beachtliche, prospektive Studie durch. Er befragte die Reanimierten aktiv.

Das Gehirn ist der biologische Ort, an dem NTE zunächst lokalisiert werden. Die Herleitung von NTE allein aus einem Sauerstoffmangel greift zu kurz. Mit Michael Schröter-Kunhardt können sie als „eine äußerst genau gesteuerte und damit biologisch angelegte Aktivation bestimmter Areale des temporo-limbischen Systems" definiert werden.

Die Beschreibung der gehirnphysiologischen Vorgänge bei NTE spricht nicht gegen eine religiöse Deutung, weil Gott in einem ganzheitlichen Denken nicht in den Lücken der Naturwissenschaften gesucht wird, sondern in den Prozessen selbst. Eine interdisziplinäre Annäherung an NTE berücksichtigt auch den religiösen Aspekt. Möglich ist eine Unabhängigkeit des Bewusstseins von der Biomasse des Gehirns.

Die Individualität der NTE bestätigen, dass die persönliche Wahrheit in der Subjektivität liegt (Sören Kierkegaard). Transzendenzerfahrungen ereignen sich niemals losgelöst vom Bewusstsein des Betroffenen. Eine spannende Frage ist, ob es im weiteren Erleben des unsterblichen Bewusstseins zu einer Verschränkung mit dem Bewusstsein anderer Verstorbener oder Gott selbst kommt.

Die Nahtoderfahrung von Eben Alexander beinhaltet viele typische Elemente von NTE.

Kapitel 4

Die andere Dimension

Das neuronale Netz

Das Gehirn besteht aus hundert Milliarden Neuronen. Neuronen verarbeiten Informationen und geben Informationen weiter. Jedes Neuron hat hunderte, einige haben bis zu zehntausend Synapsen. Im Gehirn entsteht auf diese Weise ein Zusammenhang von elektromagnetischen Feldern. Bei jeder Gehirnaktivität verändern sich alle elektrischen und magnetischen Muster von Millionen Neuronen. Bei der für unser Thema anstehenden Frage, wo das Bewusstsein im Menschen zu lokalisieren ist, ist dieser Zusammenhang von elektromagnetischen Feldern entscheidend.

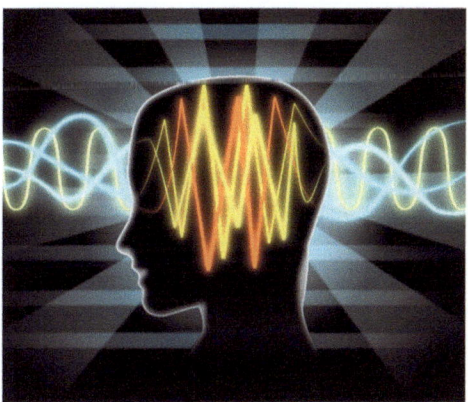

Gehirnströme sind elektromagnetische Wellen. Sie gehören zum messbaren Teil des elektromagnetischen Spektrums und teilen damit die Wellenfunktion.

Alle ca. 86 Milliarden Neuronen stellen ein elektromagnetisches Feld dar. Jedes von ihnen verfügt wieder über Tausende von Synapsen, die stimulierend oder hemmend auf andere Neuronen einwirken können.

Daraus entsteht ein sich ständiges wandelndes elektromagnetisches Feld in und um das Gehirn.

Die Frage ist nun, welche Bedeutung diese elektromagnetische Aktivität neuronaler Netze für die Gehirntätigkeit und die Erfahrung des Bewusstseins haben können. Wo werden die Erinnerungen des Lebens im Gehirn gespeichert? Wo werden Gefühle abgerufen? Van Lommel stellt die These auf, dass Erinnerungen nicht in Gehirnzellen gespeichert werden, sondern ausschließlich in den

Van Lommel ...

stellte die These auf, dass Erinnerungen nicht in Gehirnzellen gespeichert werden, sondern ausschließlich in den zusammenhängenden Mustern der elektromagnetischen Felder neuronaler Netze. [1]

Hochgerechnet besteht das Gehirn aus etwa 10^{14} Synapsen. Wenn jede Synapse ein einziges Bit Information enthielte, müssten für das Funktionieren des Gehirns 100.000.000.000.000 Bits Information verarbeitet werden. Das ist weit mehr als die menschliche DNA enthalten kann. [2]

Dagegen kann in einem elektromagnetischen Feld eine unvorstellbare Menge an Information gespeichert werden. Man denke nur an die Milliarden von Webseiten, die von jedem Computer drahtlos empfangen werden können.

Alles ist in unterschiedlichen Wellenlängen kodiert. Die Interferenz der Wellen wird zur Informationsspeicherung genutzt.

Die Theorie Lommels ist bislang ein Modell. Sie zu falsifizieren dürfte sehr schwierig sein.

Die Grenzen ...

der Wissenschaft treten nirgendwo so offen zutage wie in der gegenwärtigen Hirnforschung. Es wurde bisher kein Areal des Gehirns gefunden, dem das Bewusstsein eindeutig zugeordnet werden könnte. Felix Hasler von der Berlin School of mind and brain der Humboldt-Universität kommentiert: [1] „Der gegenwärtige Stand der Hirnforschung in Bezug auf das Bewusstsein ist spärlich – so spärlich wie schon seit Jahrzehnten letztendlich." In der Forschung besteht weder Einmütigkeit darüber, was unter Bewusstsein überhaupt zu verstehen ist, noch wo der Ort des Bewusstseins zu finden ist. Vielleicht liegt das Problem darin, dass im wissenschaftlichen Betrieb die Innenperspektive möglichst ausgeblendet werden soll. Bei der Betrachtung des Bewusstseins könnte das Gegenteil von Vorteil sein: subjektiv in sich hineinhorchen.

„Zu dieser Bewusstseinsfrage wird es nie Konsens geben, weil jeder seine eigene Meinung haben will." [2]

zusammenhängenden Mustern der elektromagnetischen Felder neuronaler Netze. Diese Theorie könnte noch weiter ausgebaut werden. Bewusstsein könnte existieren wie die Elektrizität. So wie die Elektronen ein Sensorium für Elektrizität haben, könnten die neuronalen Strukturen im Gehirn ein Sensorium für Bewusstsein ausbilden. Das würde bedeuten, dass Bewusstsein von dem Netzwerk der Neuronen wahrgenommen wird. Wir würden als Menschen *im Medium des Bewusstseins agieren*.

> *Die Erinnerung existiert in den zusammenhängenden Mustern der elektromagnetischen Felder neuronaler Netze.*
>
> Pim van Lommel

Dieses Modell ist besonders bemerkenswert, wenn wir die religiöse Dimension mit einbinden wollen und Gottes Sein und Wirken im Zusammenhang mit dem menschlichen Bewusstsein in einer ganzheitlichen Theorie beschreiben wollen. Da es nicht falsifiziert ist, kann das Bewusstsein natürlich auch mit rein biologischen Prozessen beschrieben werden. Es fehlt dann allerdings die Möglichkeit, das Bewusstsein als unabhängig von der Biomasse des Gehirns zu betrachten.

Mit Fantasie und Intuition können die bisherigen Grenzen der wissenschaftlichen Disziplinen versetzt werden, ohne dass das bereits Erforschte in irgendeiner Weise ignoriert würde. Denn die Ignoranz muss sich dem Vorwurf der Unwissenschaftlichkeit aussetzen—eine plausible Theorie dagegen nicht. Einen noch weiteren Bogen können wir schlagen, wenn wir an späterer Stelle die Existenz von Zusatzdimensionen und die Annahme von Parallelwelten in der Theorie eines Multiversums in die Überlegungen mit einbeziehen.

Kollektiv Unbewusstes

Einen ganz anderen Blick als den bisher gewählten wirft die Psychologie auf das Phänomen des Bewusstseins. Anders als die Physik interessiert sie sich für die menschlichen Gedanken und Emotionen. Neben der Unterscheidung zwischen Bewusstsein und Unterbewusstsein spielt Jungs These vom Kollektiven Unbewussten eine Rolle.

Das kollektive Unbewusste ist ein Beispiel aus der Psychologie für die zwischenmenschliche Vernetzung des Seelischen.

Der Schweizer Psychologe und Psychiater Carl Gustav Jung gewann die Überzeugung, dass die Träume, Zeichnungen, Phantasien und Halluzinationen seiner Patienten häufig Symbole und Ideen enthielten, die sich nicht ausschließlich als Produkte ihrer persönlichen Lebensgeschichte erklären ließen. Solche Symbole glichen viel eher den Bildern und Themen der großen Weltmythologien und -religionen. Jung schloss daraus, dass Mythen, Träume, Halluzinationen und religiöse Visionen allesamt derselben Quelle entspringen würden, einem kollektiven Unbewussten, das allen Menschen gemeinsam ist. Aus dem landläufigen Verständnis ließ sich kein Mechanismus ableiten, der dieses Phänomen erklären konnte.

Die Psychologie

wählt einen anderen Ansatz zur Betrachtung des Bewusstseins als die Physik.

Unser Bewusstsein besteht aus unseren alltäglichen Wahrnehmungen. Sie werden durch die Vernunft bearbeitet, es entstehen Überzeugungen, die man bewusst vertritt.

Das Unterbewusstsein bezeichnet verborgene Erinnerungen und Gefühle. Es ist im Vergleich zum Bewusstsein unglaublich groß., im Vergleich wie ein Eisberg, von dem nur die Spitze zu sehen ist.

Für die Frage, ob eine Seele existiert oder nicht, ist es nicht relevant, wie viele Erinnerungen, Gefühle und Emotionen bewusst oder unbewusst sind, da wir die Existenz der Seele nicht an die Biomasse des Gehirns binden wollen. Interessant wird die Psychologie für unsere Fragestellung jedoch, wenn wir uns eine Entwicklung der Seele in einer multidimensionalen Raumzeit vorstellen und die religiösen Fragen nach Läuterung, Erlösung und Entwicklung mit einbeziehen.

ist ein nach W.O. Schu-mann (1888 – 1974) bezeichnetes Phänomen, dass elektromagnetische Wellen einer bestimmten Frequenz mit dem Umfang der Erde stehende Wellen bilden. Es ergibt sich eine Resonanzfrequenz von durchschnittlich etwa 7,8Hz, die z.B. durch die Jahreszeiten leicht schwankt.

Die Energie für die niederfrequente Anregung stammt aus der weltweiten Gewittertätigkeit. Genau diese Frequenz tritt auch an der Grenze zwischen Entspannungs- und Einschlafphase auf.

Viele Menschen, die für das Übernatürliche empfänglich sind, nennen diesen Zustand, bei dem Theta-Wellen vorherrschend sind, einen optimalen Zugang zu den als parapsychologisch einzustufenden Wissenssphären.

Können diese Wellen die Voraussetzung für einen Informationsaustausch sein?

Ein Nachweis ist für diese Theorie bisher noch nicht erfolgt.

Allerdings würde ein ganzheitliches Modell die Erklärung dafür liefern. In einem Universum, in dem alle Dinge miteinander vernetzt sind, sind auch alle Erscheinungsformen des Bewusstseins ineinander verwoben, sowohl zwischenmenschlich wie auch mit dem göttlichen Bewusstsein.

Der Psychiater Montague Ullman führte in den 1970er Jahren Traumexperimente durch, die belegen sollten, dass wir Menschen zumindest in unseren Träumen imstande sind, auf eine Weise miteinander zu kommunizieren, für die es heute noch keine Erklärung gibt. Fred Alan Wolf vertritt die Ansicht, dass lichte Träume (und womöglich alle Träume) in Wahrheit Besuche in Parallelwelten sind. Sie seien einfach nur kleinere Hologramme innerhalb des größeren und umfassenderen kosmischen Hologramms. Er schlägt sogar vor, man sollte die Befähigung zu lichten Träumen als das Sichbewusstwerden einer Parallelwelt bezeichnen. „Ich spreche von einem Parallelweltenbewusstsein, weil ich glaube, dass parallele Universen wie andere Bilder im Hologramm entstehen" [1]

> *Ein Parallelweltenbewusstsein ist ein kleineres Hologramm innerhalb eines kosmischen Hologramms.*
> *Fred Alan Wolf*

Überlagerungszustand

Einen weiteren Schlüssel bildet in diesem Zusammenhang die Vorstellung von einer quantenmechanischen Wellenüberlagerung. Der Traumzustand ist ein Ausdruck von Überlagerungen quantenmechanischer Wellen oder Zustände, die im Gehirn erzeugt werden. [2] Gehirnströme sind Teil des elektromagnetischen Spektrums und haben Teil an quantenphysikalischen Prozessen.

Der Überlagerungszustand ist natürlich auch im Wachzustand des Gehirns vorhanden. Allerdings spielen im Wachzustand die Daten eine Rolle, die durch die reale Erfahrung in das Bewusstsein gelangen. Als Veranschaulichung mag das Beispiel dienen, dass am Tag das Sonnenlicht das Sternenlicht überdeckt. Die quantenphysikalischen Prozesse treffen auf das Gehirn im Wachzustand ebenso zu wie auf das träumende Gehirn. Aber wenn die Außenwelt abgeschaltet ist, wird der Prozess nicht durch die Eingabe äußerer Reize übertönt und die Überlagerungen lassen sich unmittelbar erfahren. „Der Wolf an der Pforte des Wachbewusstseins ist keine Überlagerung von Rotkäppchen und der Großmutter, wie das im Traumzustand der Fall sein mag." [1]

Traumwelten sind eine *Dimension,* sie sind ein Hologramm des Innenlebens, das in Kontakt zu etwas *Anderem* steht.

Traumweltdimension

Die Dimension des Traums ist allen Menschen bekannt, wobei die Bezeichnung als *Dimension* in der Sache naheliegt und mehrdeutig sein kann. Die meisten Menschen glauben, das Thema mit der Psychologie und den Regionen des Unbe-

Klarträume ...

werden auch *luzide* Träume genannt. Der Träumende ist sich dessen bewusst, dass er träumt.

Klarträume dürften den meisten Menschen bekannt sein. Sie werden überwiegend in der REM-Phase des Schlafs beobachtet. In einer Versuchsreihe konnte in einem Schlaflabor bei luziden Traumepisoden eine veränderte Aktivität des präfrontalen Cortex (vorderer Anteil der Stirnhirnrinde) festgestellt werden, der während des Schlafs normalerweise ruht. [2]

Bei Klarträumen erhält das Gehirn den Realitätssinn aufrecht, indem es gleichzeitig in zwei Bewusstseinsmodi arbeitet. Dieser Zustand entsteht entweder zufällig, oder er wird bewusst herbeigeführt.

Aus einem luziden Traum heraus kann eine außerkörperliche Erfahrung eingeleitet werden, bei dem sich der Betroffene als außerhalb seines physischen Körpers wahrnimmt. Im subjektiven Erleben wird die Existenz einer Seele postuliert, die den Körper verlassen kann.

Gott spricht ...

Gott spricht ... mit den Menschen, von denen die Bibel berichtet, vornehmlich auf der Ebene von Träumen und Visionen. Das heißt, er begibt sich auf eine höchst subjektive Ebene, er wählt sich das Bewusstsein bzw. das Unterbewusstsein aus.

Anselm Grün geht davon aus: „Das Unbewusste ist nicht die Domäne der Psychologie, sondern auch ein Bereich, in dem Gott wirkt und in dem wir ihn manchmal leichter nehmen können als in unsrer bewussten Welt, die von uns selbst beherrscht wird." [2]

Echte Visionen haben den Charakter der direkten schöpferischen Umwandlung des Bewusstseins und der Erkenntnis, ja der Persönlichkeitsstruktur des Empfängers der Vision, ganz zu schweigen von der schöpferischen Umwandlung ihrer Umwelt. [3]

Im religiösen Kontext wird eine Vision, wenn sie nicht als Halluzination betrachtet wird, auf Gott oder einen realen äußeren Verursacher zurückgeführt.

wussten und Unterbewussten erschöpfend behandelt zu haben. Den eigentlichen Ursprung des Traums hat man damit aber außer Acht gelassen. Denn wenn wir schlafen, verlässt die Seele gewissermaßen unseren Körper und bleibt dennoch mit ihm verbunden. Die Seele kann aufatmen und sich erholen, was für ihr inneres Gleichgewicht unbedingt notwendig ist. Da der Schlaf bekanntlich von Träumen begleitet wird, können wir die Traumwelt einen *Ort* nennen, an dem ein grundlegender energetischer Austausch stattfindet.

> *Traumwelten sind Orte des energetischen Austauschs und des Kontaktes mit etwas Anderem.*

Träume können als eine Form eines *Hologramms* verstanden werden. Die Projektion wird vom Träumenden selbst erschaffen. Das Universum, das dabei entsteht, ist eine Projektion des Innenlebens, eine lebendige Welt mit ganz eigenen Gesetzen und eigenen Wertvorstellungen. Wir irren, wenn wir das Ganze als ein bloßes Trugbild verstehen. [1] Die Welten, welche die Seele im Schlaf erschafft, spielen eine wichtige Rolle. Sie zeigen uns gewissermaßen, wo wir stehen, entlasten uns und geben Orientierung.

Intensive Träume hinterlassen in uns den Eindruck, sie seien nicht einfach bloß geträumt, sondern wir wären mit etwas *Anderem* in Kontakt getreten. Dieses Empfinden verstärkt sich durch die Tatsache, dass viele Menschen in Schlüsselsituationen ihres Lebens solche Situationen erleben. Das Bewusstsein greift auf eine deutliche Symbolik zurück und setzt heraus, was in ihm lebt. Es drängt sich der Gedanke auf, als ob irgend jemand durch den Traum etwas mitteilen wolle. Sind wir in der Dimension des Traums mit der Dimension Gottes verbunden?

Die Grenzen ...

der Esoterik sollten klar definiert werden. Es handelt sich in der Regel nicht um wissenschaftliche Ansätze. Die meisten Vorstellungen beruhen auf Phantasiegebilden.

Und doch hat die Wissenschaft ihrerseits nicht das Recht, überheblich zu sein. Denn die persönliche Einstellung eines Menschen setzt sich aus wissenschaftsbasierten Einsichten, Erfahrungen und Werte- und Glaubensgeleiteter Einsicht zusammen. [1] Das gilt es, zu akzeptieren.

Die Religionen bewegen sich seit Jahrtausenden auf dem Feld, das heute vielfach von der Esoterik besetzt wird. Der Anspruch, Einblicke in jenseitige Realitäten erlangt zu haben, haben eine gute religiöse Tradition. Die Esoterik speist sich zu einem großen Teil aus den Weisheiten der östlichen Religionen und Philosophien. Aus diesem Grund sind die Differenzen zum Christentum offenkundig, z.B. in der Reinkarnationslehre und der christlichen Wiedergeburtslehre.

Esoterik

Bei dem Thema *Dimensionen* werden wir nicht nur mit Einsteins Relativitätstheorie oder mit der Stringtheorie konfrontiert. Wir betreten auch das Wissensgebiet der Esoterik, das allgemein von dem Glauben an Sphären geprägt ist, in die wir als Menschen gelangen können. In jedem Fall lohnt sich ein Blick auf diesen Bereich, der weniger auf den Wissenschaften beruht, sondern Vieles aus der östlichen Spiritualität schöpft.

Ich werde versuchen, die zahlreichen esoterischen Vorstellungen in einigen Sätzen zu bündeln: Grundlage des Lebens ist in der Esoterik die *physische Realität*, die Menschen für ihre Inkarnation gewählt haben. Die Erdenschule dient dazu, das Karma durchzuarbeiten. Deshalb inkarniert der Mensch auch immer wieder in den 3-dimensionalen Raum. Erfolgt dann das *spirituelle Erwachen*, sind die Menschen auf dem Weg in eine höhere Dimension. Raum und Zeit erweitern sich, die Realität ist nicht mehr streng linear. Der Zustand in der 4. Dimension ist vergleichbar mit einem Fuß, den der Esoteriker in der physischen Welt hat, und einem anderen Fuß, den er in der spirituellen Welt gründet. Wenn das Bewusstsein dann in die 5. Dimension gelangt, ist das schon der Zustand der Einheit mit allem, in dem das Herzzentrum gespürt wird. Der Esoteriker taucht in diesen Zustand täglich mehrmals ein, aber man kehrt immer auch wieder in den 3-dimensionalen Raum zurück - weil der Alltag ja auch bewältigt werden muss... .

Die Dimensionen sind in der Esoterik keine physischen Orte, sondern Bewusstseinszustände, auf die der Mensch sich einschwingen kann. Bei aller Kritik an der Esoterik ist das Bemühen anzuerkennen, die Einheit der Welt beschreiben und formulieren zu wollen. Die theologische Wissenschaft hat dieses nicht selten versäumt.

Das Herz ...

der Materie - so nannte Teilhard de Chardin den Geist. Der Theologe vertrat, philosophisch betrachtet, einen panpsychischen Ansatz. Er beschreibt, wie er zu der Erkenntnis gekommen ist, das Materie und Geist nicht zwei getrennte Substanzen sind, sondern die beiden Gesichter ein und desselben kosmischen Stoffes.

Die Prozesstheologie nahm diese Gedanken, insbesondere die Philosophie Alfred N. Whiteheads auf. Für die Prozesstheologie ist Gott der Ursprung des Neuen und der Ordnung. Die Welt wurde nicht aus dem Nichts geschaffen, sondern ist ein offener, sich ständig fortsetzender Prozess der Entstehung von Neuem. Die traditionellen Begriffe Sein und Substanz werden durch die Begriffe Prozess und Werden ersetzt. Die gesamte Welt besteht aus Wechselbeziehungen, in die Gott eingebunden ist. Dieses Weltbild kann mit der modernen Welt in Einklang gebracht werden.

Philosophie

Auch die Philosophie kennt ein Modell einer unsterblichen Seele, die überall im Kosmos anzutreffen ist. Der *Panpsychismus* geht davon aus, dass im Kosmos das Bewusstsein von Anfang an da war, jedenfalls in Vorformen, und es immer noch fast überall anzutreffen ist. Es gibt keine Materie ohne geistige Aspekte. Voraussetzung dieser Sicht ist, dass sich ein Erlebnis im Bewusstsein nicht vollständig verständlich machen lassen kann als Wechselwirkung zwischen physischen Objekten. Das Bewusstsein wäre die ein intrinsisches, in sich ruhendes, Phänomen. [1] Diese Voraussetzung ist aber keineswegs klar, sondern sehr umstritten. Bewusstsein und Materie verhielten sich zueinander wie die Innenseite und die Außenseite.

Bei jedem dualistischen Modell in der Philosophie kann man sich schlecht vorstellen, wie die beiden Seiten Geist und Materie interagieren. Die Lösung, das Bewusstsein allein als Illusion zu deuten, scheidet aus verschiedenen Gründen aus. Das Bewusstsein kann uns zwar täuschen, aber es ist selbst keine Illusion, sondern reale Erfahrung.

Im Physikalismus ist alles Materie, im Dualismus gibt es Materie und Geist, im Idealismus hat alles seinen Ursprung im Geist, der Panpsychismus besagt, dass es Elemente von Bewusstsein in der gesamten materiellen Welt gibt, bis hin zu den Elementarteilchen, den Elektronen und Photonen. Dann fällt die Notwendigkeit der Interaktion mit etwas Getrenntem weg. Allerdings müsste man konsequenterweise auch die kleinsten physikalischen Teilchen mit einbeziehen, die eindimensional auf der Planck'schen Länge keine Teilchen mehr sind, sondern Strings. Wird die String-Theorie die neue Einheit von Geist und Materie liefern?

Zusammenfassung

Im Gehirn entstehen durch die Aktivität der Neuronen elektromagnetische Felder, deren Muster bei jeder Gehirnaktivität verändert werden. Pim van Lommel stellte die These auf, dass Erinnerungen in diesen Mustern gespeichert werden. Bewusstsein könnte wie Elektrizität funktionieren und vom Netzwerk der Neuronen wahrgenommen werden. Es wäre damit unabhängig von der Biomasse des Gehirns. Bislang ist dies nur eine plausible Theorie. Um unsterblich zu sein, müsste das Bewusstsein Teil einer anderen Dimension oder Parallelwelt sein. Gehirnströme haben an der quantenphysikalischen Wellenfunktion Anteil.

Die Psychologie wählt einen anderen Ansatz als die Physik und kennt das Unterbewusstsein, das verborgene Dinge speichert. C.G. Jung gewann die Überzeugung, dass es ein kollektives Unbewusstes gibt, das allen Menschen gemeinsam ist. In einem ganzheitlichen Modell können alle Erscheinungsformen des Bewusstseins, menschliches und göttliches, miteinander vernetzt sein.

Vielleicht sind Träume Hologramm, die Besuche in Parallelwelten darstellen. Oftmals haben wir den Eindruck, in Träumen mit etwas Anderem in Kontakt getreten zu sein. Die Grenzen der Wissenschaft verschwimmen an dieser Stelle in den Bereich der Esoterik. Sie entfaltet unwissenschaftliche Theorien von Dimensionen und einem spirituellen Erwachen, erinnert aber daran die Theologie an ihre ureigensten Themen.

Auch die Philosophie kennt im Panpsychismus ein Modell eines unsterblichen Bewusstseins, das überall im Kosmos anzutreffen ist. Sie beruht auf der Physik, kann aber mit einer Gottesvorstellung bereichert werden.

Kapitel 5

Parallelwelten

Quantenphysikalisches Universum

Verlassen wir den unwissenschaftlichen Bereich der Esoterik, dann werden uns die relativistische Physik, die Quantenphysik, die Kosmologie und die Vereinheitlichten Theorien dazu führen, über Paralleluniversen nachzudenken. In manchen Varianten sind die Paralleluniversen durch unvorstellbar große Abstände von uns entfernt, in anderen Modellen befinden sie sich in unmittelbarer Nähe von nur wenigen Millimetern.

Parallelwelten sind so zahlreich wie geheimnisvoll. Physikalische Modelle folgen einer anderen Spur als ihre religiösen Vorgänger. Sind sie vergleichbar?

Der gegenwärtig populärste, aber auch verrückteste Ansatz vieler Welten stammt aus der Quantenphysik. Wir können bekanntlich ja die Wahrscheinlichkeit voraussagen, die zu einem bestimmten Ergebnis führt, aber nicht, welche der verschiedenen Möglichkeiten tatsächlich eintritt. Niemand vermag bisher zu erklären, warum sich in einer bestimmten Situation nur eines von vielen möglichen Ergebnissen einstellt. Dies führte zu dem kreativen Vorschlag, „dass alle möglichen Ergebnisse sich auch einstellen, wobei jedes

Zwei Spiegel ...

„Wäre mein Kinderzimmer nur mit einem einzigen Spiegel ausgestattet gewesen, meine jugendlichen Tagträume hätten ganz anders ausgesehen. Aber es waren zwei. Jeden Morgen, wenn ich den Kleiderschrank öffnete und meine Kleidung herausholen wollte, befand sich der Spiegel in der Schranktür direkt gegenüber dem Wandspiegel, und es entstand eine scheinbar endlose Reihe von Spiegelbildern mit allem, was sich zwischen den Spiegeln befand. Es war faszinierend.

Alle Spiegelbilder schienen sich im Einklang zu bewegen – aber das lag, wie ich bereits wusste, nur an den Beschränkungen unserer Wahrnehmung; schon in jungen Jahren hatte ich davon gehört, dass sich das Licht nicht unendlich schnell bewegt.

Manchmal stellte ich mir ein respektloses Ich vor, das sich weigerte, seinen Platz einzunehmen, so dass die gleichmäßige Abfolge unterbrochen war und eine neue Wirklichkeit entstand, die über die nachfolgenden Realitäten bestimmte." Brian Greene [1]

Wissenschaft?

„Allgemeine Zusammenfassungen betonen oft, in der Naturwissenschaft gehe es darum, Regelmäßigkeiten in der Funktionsweise des Universums zu finden, zu erklären, wie diese Regelmäßigkeiten die zugrunde liegenden Naturgesetze beleuchten und wie sich die Gesetze ihrerseits in den Regelmäßigkeiten widerspiegeln, und die so erschlossenen Gesetze zu überprüfen, indem man Vorhersagen trifft, die durch weitere Experimente und Beobachtungen bestätigt oder widerlegt werden können." [1]

Brian Greene weist darauf hin, dass es in der Praxis der Wissenschaften genauso wichtig sei, die richtigen Fragen zu stellen. Antworten werfen dann eine Fülle neuer Fragen auf. Bei einem intellektuellen Vorschlag müssen wir auch einschätzen, zu welchen Fragen er uns hinführt und wie seine Auswirkungen auf die naturwissenschaftliche Praxis aussehen.

davon in einem anderen Universum zu Hause ist." [2] Wenn eine quantenphysikalische Berechnung vorhersagt, dass ein Teilchen hier oder dort sein könnte, dann ist es in einem Universum hier und im anderen Universum ist es dort. Und in jedem Universum befindet sich auch ein Exemplar von uns, das das Ergebnis beobachtet und glaubt, seine Realität wäre die einzige.

Wenn wir voraussetzen, dass die Quantenmechanik die Basis aller physikalischen Prozesse darstellt, also auch die der Nervenimpulse, die das Substrat für unser Denken bildet, wird die Tragweite einer solchen Theorie deutlich. Sie würde besagen, dass es keine verpassten Chancen gibt und keine Wege, die nicht gegangen worden sind. Aber jeder eingeschlagene Weg ist vor dem anderen verborgen, weil jede Wirklichkeit vor der anderen verborgen ist.

Branwelt-Szenario

Noch phantastischer als die Theorie vom Multiversum der Quantenphysik ist die String-Theorie-Landschaft. Schon Ende der 1990er Jahre wurde den Mathematikern deutlich, dass die String-Theorie nicht nur eine Theorie der eindimensionalen Strings war. In der Analyse kamen auch Objekte mit zwei oder drei Raumdimensionen zum Vorschein, später eine ganze Palette mit neun Raumdimensionen, sogenannte Neun-Branen. Bei genauerem Hinsehen erforderte die Theorie sogar 10 Raumdimensionen und die Zeitdimension. Wir sprechen also von einer *11-dimensionalen Raumzeit*.

Man hatte sich in der Stringtheorie an den Gedanken gewöhnt, dass Strings winzig klein sein müssen, da sie ja mit so kleinen Energiemengen wie denen von Elektronen und Quarks verbunden sind. Führt man aber einem String genügend

Energie zu (was nach unserem Stand der Technik noch nicht möglich ist), kann man ihn im Prinzip auf eine beliebige Größe bringen. So können auch höherdimensionale Branen eine beträchtliche Ausdehnung besitzen. Eine Drei-Bran könnte den Raum, in dem wir leben, ausfüllen wie Wasser ein riesiges Aquarium. Eine solche Allgegenwart legt die Vermutung nahe, dass wir uns die Drei-Bran nicht als Objekt vor Augen halten sollten, das sich zufällig in unseren drei Raumdimensionen befindet, sondern als das Substrat des Raumes selbst. „Wie ein Fisch, der das Wasser bewohnt, würden wir demnach eine raumfüllende Drei-Bran bewohnen. Raum – zumindest der Raum, in dem wir unmittelbar zu Hause sind – wäre dann viel körperlicher, als wir es uns gewöhnlich vorstellen. Der Raum wäre ein Ding, ein Objekt, ein Gebilde – eben eine Drei-Bran. Wenn wir laufen und gehen, wenn wir leben und atmen, bewegen wir uns in einer Drei-Bran und durch sie hindurch. Stringtheoretiker sprechen deshalb vom Branwelt-Szenario." [1]

Eine höherdimensionale Weite würde genug Raum zur Aufnahme von mehreren Drei-Branen bieten. Wir können uns das in unserer dreidimensionalen Welt nicht vorstellen, aber faktisch könnte es zwei nebeneinander existierende Gebilde geben, von denen jedes den dreidimensionalen Raum vollständig ausfüllt.

„Wenn es gleich nebenan riesige Branen gibt, wenn ganz in der Nähe vollständige Paralleluniversen schweben wie eine Brotscheibe an der anderen, warum sehen wir sie dann nicht?" Brian Greene [2] Die Antwort liegt darin, dass die Teilchen, die die elektromagnetische Kraft und die Kernkräfte übertragen, die Bran nicht verlassen können. Das bedeutet, dass auch Photonen, die sich mit Lichtgeschwindigkeit ausbreiten, eine andere Bran nicht erreichen können, auch wenn

Strings ...

sind eindimensional und in der bildlichen Vorstellung entweder offen oder geschlossen. Strings mit offenem Ende streben danach, sich an eine Bran zu heften. Sie sind in dieser Bran gewissermaßen gefangen und können nicht mehr beliebig die Dimensionen wechseln.

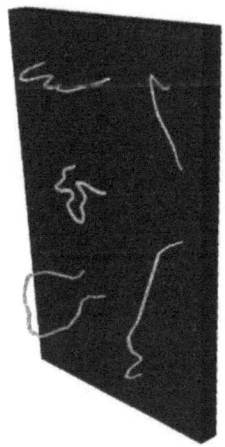

Anders sieht das bei geschlossenen Strings aus. Sie können die Dimensionen wechseln.

Es gibt in der Quantenphysik also die Möglichkeit einer Wechselbeziehung zwischen den Dimensionen. Ist der Gedanke für die Religion interessant?

die nur einige Millimeter entfernt ist. Aus diesem Grund können wir die andere Bran auch nicht sehen.

„Nur eine Kraft ist in dieser Hinsicht anders: die Gravitation. Gravitonen haben den Spin 2, doppelt so viel wie Teilchen, die (wie die Photonen) aus Stringschnipseln entstehen und die anderen Kräfte übertragen. Da Gravitonen den doppelten Spin einzelner Stringschnipsel haben, kann man sich vorstellen, dass sie aus jeweils zwei Schnipseln bestehen, deren Enden miteinander verschmolzen sind, so dass sie eine Schleife bilden. Und da eine Schleife keine Enden hat, lässt sie sich von den Branen auch nicht gefangen setzen. Gravitonen können also in eine Branwelt eintreten und sie wieder verlassen. Demnach ist die Gravitation im Branwelt-Szenario das einzige Mittel, mit dem wir außerhalb unseres gewohnten dreidimensionalen Raumes auf die Suche gehen können." [1]

Information

Die Information kann in der Zukunft das entscheidende Thema in der Physik werden. Sie entscheidet darüber, wo sich ein Teilchen befindet, welchen eindeutigen Spin und welche eindeutige Ladung sie haben. Es gleicht der Verwirklichung von einem gut durchdachten Bauplan eines Architekten. Die grundlegende Information ist in den Blaupausen. Das Universum ist mit einer riesigen Baustelle vergleichbar. Es nimmt Informationen auf und entwickelt sich nach den Gesetzen der Physik. [2]

Das Interessante ist, dass die Religionen in ihrer Geschichte stets von einer Information und dem Bauplan eines Schöpfergottes gesprochen haben, aber ihre Ideen niemals mit einer physikalischen Realität verknüpfen konnten.

Holographisches Universum

Eine besonders spannende Theorie hört auf den Namen *holographisches Prinzip* und beruht auf der Annahme, dass sich unser Universum vollkommen anders gestaltet, als es unsere subjektive Wahrnehmung uns weismachen will.

Wir leben bekanntlich in einer Welt, die drei Raumdimensionen und die Dimension der Zeit besitzt. Doch nach der Theorie vom holographischen Universum wäre unsere Welt in Wahrheit nichts anderes als ein *Hologramm*, das von einer unendlich weit entfernten Oberfläche projiziert wird.

Leben wir in einer holographischen Projektion? Bild: TUWien

„Das holografische Prinzip besagt, dass das Universum einem Hologramm gleicht – einem dreidimensionalen Bild, das auf einem flachen Film gespeichert ist. Ebenso könnte unser dreidimensionaler Kosmos vollständig äquivalent zu alternativen Quantenfeldern und physikalischen Gesetzen sein, die auf einer weit entfernten riesi-

Für die Seele ...

wäre ihre zweidimensionale Heimat so etwas wie ein Zuhause. Die Wirklichkeit findet auf dem Ereignishorizont eines riesigen schwarzen Lochs in der Fläche statt, der Rest ist Illusion. [1] Doch müsste es einen Projektionsmechanismus geben. Mehrdimensionale Theorien müssten sich in niederdimensionale überführen lassen und umgekehrt, ohne dass etwas verloren geht.

Auch in der *Esoterik* gibt es den Begriff des holographischen Universums, das nicht mit der physikalischen Theorie verwechselt werden darf. In dieser Sicht ist die Welt nicht real, sondern sie entspringt unserer Seele. Die absolute Realität ist unerkennbar. Sie besteht aus Interferenzmustern elektromagnetischer Wellen, die unser gesamtes Universum ausfüllen. Dieses Feld übernimmt die Rolle des Schöpfers. Mit Physik hat die esoterische Theorie jedoch wenig zu tun.

gen Fläche ihr Spiel treiben. Schwarze Löcher – unvorstellbar dichte Materieansammlungen – liefern einen Hinweis, dass dieses Prinzip tatsächlich gelten könnte.

Aus der Theorie der Schwarzen Löcher folgt, dass der maximale Entropie- oder Informationsgehalt eines beliebigen Raumgebiets nicht vom Volumen, sondern von der Oberfläche des Gebiets abhängt. Das holografische Prinzip stellt völlige Äquivalenz zwischen zwei Universen her, die unterschiedliche Dimensionen haben und unterschiedlichen physikalischen Gesetzen gehorchen. Theoretiker haben dieses Prinzip mathematisch für einen speziellen Typ fünfdimensionaler Raumzeit (Anti-de-Sitter) und ihre vierdimensionale Grenze bewiesen. Das fünfdimensionale Universum wird praktisch wie ein Hologramm auf seiner vierdimensionalen Grenzfläche abgebildet.

In der fünfdimensionalen Raumzeit herrscht die Superstringtheorie, aber auf dem vierdimensionalen Hologramm gilt eine so genannte konforme Feldtheorie mit Punktteilchen." [1]

Zusammenfassung

Die Physik hat berechtigten Grund zu der Annahme, dass Paralleluniversen existieren können, sowohl auf der kleinsten Ebene wie auch auf der größten. Es ist möglich, dass sie sich in unmittelbarer Nähe zu uns befinden.

In der Quantenphysik können Parallelwelten mit der Superposition zu tun haben, der Aufsummierung aller Möglichkeiten. Sind diese unendlich, gäbe es keine Welt, die nicht realisiert wäre.

In der Entwicklung der Stringtheorie kamen den Mathematikern mehrdimensionale Objekte in den Blick, die beträchtliche Ausdehnungen haben, sogar den ganzen uns bekannten Raum ausfüllen können. Es entstand ein Branwelt-Szenario, in dem höherdimensionale Weiten mehrere niederdimensionale Branen aufnehmen können. Andere Branen sind für uns nicht messbar, selbst wenn sie uns unmittelbar umgeben, weil unsere Teilchen und Kräfte unsere Bran nicht verlassen können, mit einer Ausnahme: die Gravitonen. Die Gravitationskraft kann uns also zur Lösung dieses Geheimnisses führen. Geschlossene Strings können beliebig die Dimensionen wechseln.

Die Information kann in der Zukunft das entscheidende Thema der Physik werden. In der Untersuchung der Schwarzen Löcher kam Bekenstein auf den Gedanken, dass der Informationsgehalt nicht im Volumen, sondern von der Oberfläche des Gebiets abhängt. Könnte unsere Welt ein Hologramm sein, das von einer weit entfernten Oberfläche projiziert wird? Mehrdimensionale Theorien müssten sich verlustfrei in niederdimensionale Theorien überführen lassen und umgekehrt. Gibt es dafür einen Projektionsmechanismus?

Kapitel 6

Nicht von dieser Welt

Eine Theorie von Allem

Schaut man in die gegenwärtige theologische Stimmungslage, dann zeigt sich, dass eine bestimmte eingerostete Gottesvorstellung weiterlebt - und weiter lähmend wirkt. Es ist die Vorstellung, dass Gott kategorisch außerhalb seiner Schöpfung angesiedelt ist. Ihr zufolge gibt es auf der einen Seite das Haus Gottes, in das engelgleiche Wesen geladen sind. Auf der anderen Seite gibt es die Welt, den Ort der Geschöpfe. Gott wohnt in seiner Welt und wir in der unsrigen. Wir kommen uns als Geschöpfe dabei mehr oder weniger vor wie verirrte Seelen, die irgendwann einmal an die Himmelstür klopfen dürfen, um, mit etwas Glück, errettet zu werden. Bis dahin harren wir der göttlichen Gnade, und sei es, dass wir bis zum Jüngsten Tag warten. Solange setzt sich die Trennung vom Göttlichen und Menschlichen auf entmutigende Weise fort. Ein solches Denkmuster kann nur zwei Arten von Menschen hervorbringen: Entweder Untertanen, die sich einem dogmatischen System unterwerfen, oder strikte Atheisten.[1] Doch allen theologischen Richtungen, die dem Dialog mit den Naturwissenschaften jeweils auf ihre eigene Weise ausgewichen sind, gilt der Einwand, den der bekannteste Atheist des 21. Jahrhunderts, Richard Dawkins, treffend auf den Punkt brachte:

> *Ein Gott, der auf irgendeine Weise*
> *mit dem Weltgeschehen interagiert,*
> *betritt damit zwangsläufig*
> *naturwissenschaftliches Terrain.*
> *Richard Dawkins*

Auch der Versuch, Gottes Dasein in Paralleluniversen zu verbannen oder in andere Dimensionen, lässt den Eindruck entstehen, dass Gott sich außerhalb unserer Alltagswirklichkeit befindet. Die Wahrheit ist doch, dass Gottes Dimension eng mit

Es genügt nicht,

die Gegenwart Gottes zu behaupten, ohne konkret zu werden. Die physikalische Ebene wird in der Regel auch von Theologen ausgeblendet, die sich dazu bekennen, Gott in der Schöpfung zu vermuten.

Wenn es aber konkret wird, wenn die Frage auftaucht *wo ist er denn?*, herrscht peinliches Schweigen mit der dogmatischen Überzeugung, dass Gott so konkret gar nicht festgemacht werden darf.

Doch ohne das Konkrete wird der Vorwurf nicht verstummen, dass wir Gott selbst erschaffen haben. Er wäre eine reine Projektion unseres Bedürfnisses, aus uns herauszutreten, um die eigene Identität wahrzunehmen.

Doch es genügt nicht, sich für die Existenz Gottes zu interessieren, um sich selbst zu finden. Es geht darum, sich etwas wirklich zu eigen zu machen, sich dem göttlichen Lebensodem hinzugeben, der in uns allen wohnt. Wir bleiben niemals nur bei uns selbst.

der unsrigen verknüpft ist. Und diese Tatsache muss auch eine physikalische Ebene haben.

Himmel und Erde verbinden sich im Christusgeschehen. Gott wird Mensch, der Mensch ein Kind Gottes. Archetyp und Realtiät.

Das Kreuz

Schaut Das Symbol dafür kann das Kreuz sein, das eines der wichtigsten Archetypen überhaupt ist. Es ist damit mehr als ein bloßes Zeichen, weil es eine Wirkmächtigkeit entfaltet. Auf der vordergründigen Ebene bezeichnet das Kreuz zunächst nur einen Menschen, der sich hinstellt und die Arme ausstreckt. Auf einer tieferen Ebene stellt sich die Frage nach der archetypischen Bedeutung dieses Zeichens.

Im Kreuz geht von oben nach unten ein Strom des Daseins, der den Menschen mit dem Makrokosmos verbindet, wie auch durch die ausgestreckten Hände. Die Bedeutung des Archetypen steigert sich in der Kreuzigung des Christus auf Golgatha, in der die ganze Menschheit zum Heil gebracht wird. Durch das Mysterium des Kreuzes hat sich Christus mit der Erde verbunden. Durch das Christusereignis ist tatsächlich etwas ins Leben getreten, das sonst nur eine Idee geblieben wäre. Dieser Christus wird kommen, denn das, was auf ihn hinweist, ist da.

Ein Hoffnungsentwurf

Es gibt keine *Lehre* von einer unsterblichen Seele, weder in den Religionen, noch in den Nahtoderfahrungen, noch in der Physik. Alle in diesem Buch vorgestellten Theorien haben nicht den Charakter von bewiesenen Tatsachen, auch wenn sie auf naturwissenschaftlichen Fakten gründen. Wissenschaftstheoretisch gesehen sind es Hypothesen. Die Vorstellung von der Unsterblichkeit einer Seele ist deshalb ein *Hoffnungsentwurf.* [1]

> *Die Unsterblichkeit der Seele*
> *ist ein*
> *Hoffnungsentwurf.*

Während die religiösen Menschen schon immer an eine *transzendentale Dimension* geglaubt haben, wird in einem ganzheitlichen Weltbild zunehmend deutlich, dass diese sogenannte transzendentale Ebene trotz aller Parallelität ein Teil der *ganzheitlichen Wirklichkeit* sein muss, damit Leben und Denken eines religiösen Menschen nicht in zwei Wirklichkeiten auseinanderfallen. Wer nach Gott fragt, der fragt nach dem alles tragenden Urgrund alles Bestehenden. Gott muss der Welt immanent sein, wenn er allem Kraft geben will. Alles ist in Gott, aber Gott ist auch in allem.

Wer nach Gott fragt, dem geht es um den Urgrund aller Welten. Alles existiert jederzeit aus Gott—und Gott ist auch das Ziel aller Dinge. Für eine ganzheitliche Theorie, in der Gott diese Rolle einnimmt, sind sowohl wissenschaftliche Fakten wie auch Fantasie und Inspiration nötig. Dies ist auch wissenschaftlich legitim, wenn es um einen begründeten Hoffnungsentwurf gehen soll, der seine Grundlagen, Begründungen, seine innere Stimmigkeit und Vereinbarkeit mit anderen Wissenschaften rational darlegen kann.

Kontinuität des Ichs

Was macht die Identität einer menschlichen Person aus? Die Ich-Perspektive, mit der sich ein Mensch als Subjekt erfassen kann, ist nicht losgelöst von einem menschlichen Körper, die eine Person von Innen erfahren kann. Der Erneuerungsprozess des Körpers, der alle Zellen in einem Zeitraum von etwa sieben Jahren umfasst, zerstört ja nicht die Kontinuität des Ich-Bewusstseins. Es spricht einiges dafür, dass es ein Bewusstsein gibt, das ablösbar von dem hirnbasierten Bewusstsein und dem funktionierenden Körper mit seinen Nerven existiert.

Die Seele ist der Identitätsträger im Menschen. Er bleibt über den Tod hinaus erhalten. Physikalisch ist dies am einfachsten in jenen Modellen vorstellbar, die von der Existenz höherer Dimensionen oder Parallelwelten ausgehen. Es kann eine Verschränkung des Bewusstseins des Betroffenen mit dem Bewusstsein von bereits Verstorbenen stattfinden. Diese Welt existiert jetzt.

In außerkörperlichen Erfahrungen wird der spirituelle Körper immer als eine Art schwereloser Körper empfunden. Obwohl die Person in diesem Zustand alles sieht, hört und bemerkt, wird sie scheinbar von den anderen nicht bemerkt. Es ist das Empfinden eines andersartigen Körpers, niemals wird die eigene Seele als eine reine, nackte Seele oder dergleichen wahrgenommen. Ebenso fern liegt die Erfahrung, die Seele sei isoliert. Sie steht in einer Beziehung zu anderen Personen und Wesen. In Nahtoderfahrungen findet eine Kommunikation statt. Möglich ist auch, dass eine Verschränkung des Bewusstseins mit den Bewusstheiten anderer Personen oder mit Gott im Verlauf dieser Erfahrung zunimmt. Alles, was eine Persönlichkeit ausmacht, könnte im Jenseits auf die Seele zutreffen. Gibt es eine *immaterielle Leibhaftigkeit?* [1]

Auferstehung

Gott gibt den Menschen bei der Auferstehung eines neues Leben. Theologisch betrachtet geht es um das Hineingenommen werden der Person in die Ewigkeit Gottes. Dies kann mit einer physikalischen Parallelwelt oder in eine andere Dimension verglichen werden, aber auch in den traditionellen Kategorien der Religion beschrieben werden. Die Theologie verwendet den Begriff der *Transzendenz*.

In einem holistischen Weltbild gibt es keine Trennung einer jenseitigen und einer diesseitigen Welt. Das Transzendente ist nicht übernatürlich, sondern Teil der einen Wirklichkeit. Somit bedarf es auch nicht der Vorstellung, dass die jenseitige Welt stets das absolut Gegenteilige der diesseitigen Welt ist. Wenn wir sagen, das Jenseits übersteige unsere Begriffe von Raum und Zeit, ist nicht gesagt, dass sie ohne Raum und Zeit sei. Gottes Welt fängt nicht erst dort an, wo unsere vierdimensionale Raumzeit endet. Die Rede von der Auferstehung der Toten verlangt ein erweitertes Verständnis der Wirklichkeit. Auch ein jenseitiges Leben kann in einer Form physikalisch-biologisch erfasst werden, zumindest theoretisch, auch wenn es sich unseren Fähigkeiten der Messbarkeit entzieht. Auferstehung geschieht nicht in irgendeiner Lücke unserer Naturgesetze.

> *Denn in der Auferstehung*
> *sind sie ...*
> *wie Engel im Himmel.*
> Matthäus 22,30

Nach der Auffassung von Jesus sind Menschen in der Auferstehung transformiert. Nach Aussagen des Apostels Paulus geschieht diese Verwandlung in eine unvergängliche Seinsweise

Transzendenz ...

richtet sich auf das metaphyische Wesen des Wirklichen. Das Objekt der Betrachtung liegt jenseits der möglichen Erfahrung, auch jenseits der vorfindlichen Wirklichkeit.

In Platons Ideenlehre wird angenommen, dass es außer dem Bereich der sinnlichen Wahrnehmung einen Bereich der unveränderlichen, rein geistigen Ideen gibt. Sie bilden eine objektiv existierende metaphysische Wirklichkeit. Die Seele trägt Teile des Transzendenten wie auch des Immanenten in sich. Und doch stellt Platons Ideenwelt eine abgetrennte Welt dar, ohne Bezug zur Sinnenwelt.

In einem holistischen Weltbild gibt es diesen Transzendenzbegriff nicht. Aus diesem Grund ist das Transzendente auch nicht als *übernatürlich* zu bezeichnen. Alles ist Teil der einen Wirklichkeit. Die christliche-jüdische Tradition kennt von Anfang an einen in der Welt wirkenden Gott.

Ganztod ...

heißt eine Theorie protestantischer Theologen, nach der im Tod der ganze Mensch vernichtet wird. Damit will man der Tatsache Rechnung tragen, dass vom Menschen nach seinem Tod nach dem Augenschein offensichtlich nichts übrig bleibt. Trotzdem ist mit dem Tod nicht alles aus. Es gibt eine Auferstehung!

In der Ganztodtheorie wird nach einer unbestimmten Zwischenzeit der ganze Mensch, von dem nichts mehr da ist, wieder neu erschaffen, von Gott aus dem Nichts (creatio ex nihilo).

Die Theorie wirft jedoch Fragen auf. Wäre dieser neu geschaffene Mensch wirklich noch jener Mensch, der einmal gelebt hat? Diese auferstandene Person hätte eine andere Ich-Perspektive und damit ein anderes Bewusstsein. Kann die Liebe Gottes zum Menschen eine Zeit des Nicht-Seins ertragen? Ein Hoffnungsentwurf sieht anders aus.

durch das Überkleidetwerden mit einem neuen Leib: „Denn solange wir in dieser Hütte sind, seufzen wir und sind beschwert, weil wir lieber nicht entkleidet, sondern überkleidet werden wollen, damit das Sterbliche verschlungen werde von dem Leben" 1.Kor. 5,4.

Geschieht die Auferstehung nach christlichem Verständnis bereits nach dem Tod oder erst am Jüngsten Tag? In dem vorherrschenden apokalyptischen Weltbild wurde die kollektive Auferstehung der Toten mit dem Weltende erwartet. Die Ostererfahrung zeigt: Die Auferstehung Jesu ist ein Auftakt für das Weltende. Im apokalyptischen Schema ist die Zeit bis zum Ende auszufüllen: Ein Zwischenzustand für die Verstorbenen? Dieser Zwischenzustand ist in der Theologiegeschichte mit der Unterscheidung von Körper und Seele harmonisiert worden. Die Seele wartet in einem Zwischenzustand bis zur Wiedervereinigung mit dem Körper in der Auferstehung.

> *Heute noch*
> *wirst du mit mir*
> *im Paradies sein.*
> Lk 23,43

In der Bibel finden wir neben der apokalyptischen Version der Auferstehung am Weltende auch die Vorstellung, dass ein Verstorbener ohne den Zwischenzustand in das ewige Leben unmittelbar eingeht. „Heute noch wirst du mit mir im Paradies sein" sagte Jesus zu dem reumütigen Schächer am Kreuz (Lk 23,43). Und Paulus sagt, er habe Lust zu sterben, um in jenem Augenblick ganz bei Christus zu sein (Phil. 1, 23). Mir ist diese Vorstellung die sympathischere. Warum soll die Seele körperlos sein, wenn doch schon Nahtoderfahrene in der Out-of-Body-Experience Gegenteiliges erlebt haben?

Die Vorstellung von einem Zwischenzustand macht nur einen Sinn, wenn es um die Frage der Läuterung einer Seele geht, oder einfach nur um die Teilhabe an Gottes Geschichte in seiner Entwicklung des gesamten Kosmos, die eine wirkliche Geschichte darstellt.

Der inspirierte Leser

Auch in der neuesten Bibelauslegung (Exegese) gewinnt der Gedanke immer mehr an Raum, dass der Leser der Bibel selbst ein Teil des Inspirationsgeschehens ist. Die moderne literarische Hermeneutik der Rezeptionsästhetik beschäftigt sich mit der Frage, ob die Wahrnehmung im Text angelegt ist oder erst im Prozess der Rezeption entsteht. Schon Paul Tillich hat in seiner Christologie darauf hingewiesen, dass die aufnehmende Seite des christlichen Ereignisses genauso wichtig sei wie die faktische Seite. [1]

So ist auch der heutige Leser ein integrierender Bestandteil der Schrift selbst. „Sich verstehen vor dem Text" heißt nicht, dem Text die eigene begrenzte Fähigkeit des Verstehens aufzuzwingen, sondern „sich dem Text auszusetzen und von ihm ein erweitertes Selbst zu gewinnen, einen Existenzentwurf als wirklich angeeigneter Entsprechung des Weltentwurfs, den ein Text bereitstellt." [2] Also konstituiert nicht das Subjekt das Verstehen, sondern das Selbst wird durch die Sache des Textes konstituiert.

Hans Ulrich Körtner sieht den Glauben insgesamt als ein Geschehen, der mit dieser Art der Rezeption der biblischen Überlieferung zu tun hat. „Der Glaube ist ein Verstehen biblischer Texte, durch welches der Leser nicht nur in den Text gerät, um ihn zu vervollständigen, sondern durch welches er seinerseits verwandelt wird, indem er sich neu verstehen und so neu zu leben lernt." [3]

Nach theologischem Verständnis konstituiert der göttliche Geist den möglichen hermeneutischen Zirkel zwischen Text und Leser.

Für Paul Tillich ist Jesus als der Christus sowohl ein historisches Faktum als auch der Gegenstand gläubiger Aufnahme. „Die aufnehmende Seite des christlichen Ereignisses ist von ebenso großer Bedeutung wie die faktische Seite. Und nur aus ihrer Einheit geht das Ereignis hervor, auf dem das Christentum gegründet ist." [1]

Das himmlische Jerusalem

Eine der inspirierten und immer wieder neu inspirierenden Visionen ist die Vorstellung von einer jenseitigen Stadt, dem himmlischen Jerusalem. Sie entspringt der Johannesoffenbarung Kapitel 21, wonach am Ende der Zeit ein neues Jerusalem entstehen wird. Der Seher beschreibt die Apokalypse, das letzte Gericht und den Endkampf zwischen Gott und Satan, aus dem Gott als Sieger hervorgeht. Dann werden Himmel und Erde erneuert und das Neue Jerusalem wird aus dem Himmel herabfahren. Es folgt eine detaillierte Beschreibung der Stadt, die auf der Verwendung von Glas und Edelsteinen beruht. Das Quadrat als Grundriss der Stadt spielt eine besondere Rolle. Die Gegenwart Gottes und Christi erleuchtet die gesamte Stadt, so dass es nur noch Tag sein wird.

Gershom Scholem nannte diese Vision eine *restaurative Utopie,* [2] weil sie wieder an der Idealität des Anfangs anknüpft. Die Schöpfung in der Endzeit steht unter dem Vorzeichen des universalen Christus.

Auch der Kreis um den neutestamentlichen Hebräerbrief kannte diese Utopie. Das Besondere des Hebräerbriefes ist nun, dass er einen Aspekt aus der apokalyptischen Vorstellung herausgreift, der in der Johannesoffenbarung fehlt: die Gegenwart.

Die himmlische Stadt ist in Wahrheit präexistent. Auf sie wartete bereits Abraham. Sie ist von Gott bereitet: „Nun aber streben sie zu einem besseren Land, nämlich dem himmlischen. Darum schämt sich Gott ihrer nicht, ihr Gott zu heißen; denn er hat ihnen eine Stadt gebaut" Hebr. 11,16. Im Glauben an Jesus Christus hat die Gemeinde gegenwärtig an dieser Stadt Anteil.

New Jerusalem. Die Vision inspiriert die zeitgenössische Kunst. Für den Hebräerbrief ist die jenseitige Stadt bereits ein Ort der Zuflucht in der Gegenwart.

Gegenwärtig im Jenseits

„Ihr seid gekommen zu dem Berg Zion und zu der Stadt des lebendigen Gottes, dem himmlischen Jerusalem, und zu den vielen tausend Engeln und zu der Versammlung und Gemeinde der Erstgeborenen, die im Himmel aufgeschrieben sind, und zu Gott, dem Richter über alle, und zu den Geistern der vollendeten Gerechten und zu dem Mittler des neuen Bundes, Jesus, und zu dem Blut der Besprengung, das besser redet als Abel" Hebr. 12,22-24.

Auch für den Apostel Paulus spielt der Gegenwartsaspekt des himmlischen Jerusalems eine Rolle. Er bezeichnet es als „freie Mutter", deren Kinder mit dieser lokalen Größe der himmlischen Welt bereits gegenwärtig in Verbindung stehen können.

In der syrischen Baruch-Apokalypse, die ca. 90 n. Chr. entstanden ist, stellt Gott dem klagenden Baruch Jerusalem als eine präexistente Größe dar: „ Nicht ist es dieser Bau, der nun in eurer Mitte auferbaut. Es ist bei mir, was offenbar wird werden, was hier schon seit der Zeit bereitet ward, in der das Paradies zu schaffen ich beschlossen hatte. Und ich habe es dem Adam gezeigt, bevor er sündigte; als er aber das Gebot übertreten hatte, wurde es ihm weggenommen, genauso wie das Paradies. Und danach zeigte ich es meinem Knecht Abraham, in der Nacht zwischen den Opferhälften. Und weiter zeigte ich es Mose auf dem Berge Sinai, als ich ihm das Bild des (Stifts-) Zeltes zeigte und aller seiner Geräte. Siehe (so) ist es nun bewahrt bei mir gleichwie das Paradies". [1]

Die bereits existierende Stadt wird eines Tages allen offenbar werden. Die Texte der sogenann-

> *Es gibt eine Parallelwelt,*
> *die bereits Gegenwart ist.*
> *und wir sind ein Teil davon.*

ten frühjüdischen Apokalyptik, die sich sowohl innerhalb wie auch außerhalb der Bibel finden, entspringen allesamt der Vorstellung, dass es zwischen Diesseits und Jenseits eine Beziehung gibt. In Wahrheit handelt es sich um eine einzige Wirklichkeit, auch wenn der jenseitige Aspekt den irdischen Augen noch verborgen sein mag.

Zusammenfassung

Immer noch lebt in der gegenwärtigen Theologie eine Gottesvorstellung weiter, die Gott außerhalb seiner Schöpfung ansiedelt. Darunter zähle ich auch solche theologische Richtungen, die eine Interaktion Gottes mit dem Weltgeschehen ausschließen. Ist Gott nicht bloß eine Projektion, betritt er zwangsläufig naturwissenschaftliches Terrain.

Das Symbol des Kreuzes ist mehr als ein Zeichen. Es kann eine Wirkmächtigkeit entfalten, die im Kreuz Jesu Christi Gott mit der Erde verbindet und Christus in jede Gegenwart hineinholt.

Der Glaube an die Unsterblichkeit der Seele ist ein Hoffnungsentwurf. Er entspringt einem ganzheitlichen Weltbild, das naturwissenschaftliche Fakten mit plausiblen Hypothesen verbindet. Primärer Gedanke des Entwurfs ist die Kontinuität des Ichs. Die Seele kann als Identitätsträger im Menschen verstanden werden.

Die sprachliche Unterscheidung von Seele und Leib beinhaltet keine unkörperliche Vorstellung der Seele. Das Transzendente ist Teil der Wirklichkeit und umfasst alle Dimensionen und Welten, die existieren. Dieses erweiterte Verständnis von Wirklichkeiten umschließt auch die Ununterscheidbarkeit von Energie und Materie und ist offen für neue Vorstellungen.

In diese Vorstellung passt der biblische Gedanke einer Geistleiblichkeit, die mit dem ewigen Leben verknüpft ist. Für die Aufnahme der apokalyptischen Tradition muss von einer fundamentalistischen Bibelauffassung Abstand genommen und der Leser als Teil des Inspirationsgeschehens verstanden werden. So enthüllen die alten Texte der Apokalyptik eine restaurative Utopie vom Ursprung bis zum Ziel des Universums, in dem Christus eine Schlüsselrolle spielt. Das himmlische Jerusalem ist ein Zufluchtsort in der Gegenwart und ein Heimatort der unsterblichen Seele in *geistleiblicher Realität*.

Epilog

Gemeinsam auf dem Weg

Der innere Mensch

Der *innere Mensch* ist eine Vorstellung in der Bibel, den seelischen Aspekt des Menschen zu beschreiben. Es ist der entscheidende Aspekt, denn der Mensch ist eine Seele, die einen Körper besitzt.

> *Wenn auch unser*
> *äußerer Mensch verfällt,*
> *so wird doch der innere*
> *von Tag zu Tag erneuert.*
>
> 2. Kor. 4,16

Für den Apostel Paulus kennt der innere Mensch eine Entwicklung. Er kann sich auf Gott hin entwickeln, indem Gottes Geist immer mehr Raum im Leben des Menschen gewinnt, oder er kann sich von Gott weg bewegen, indem der Sünde und einem weltlichen (gemeint ist „widergöttlichen") Wesen Raum gegeben wird. Paulus kann die ersten Christen geradezu inständig bitten, ihre Denkweise nicht der Welt anzupassen: „Und stellt euch nicht dieser Welt gleich, sondern ändert euch durch Erneuerung eures Sinnes, auf dass ihr prüfen könnt, was Gottes Wille ist, nämlich das Gute und Wohlgefällige und Vollkommene" Römer 12,1.

Mit dieser Ansage macht Paulus klar, worauf sich der innere Mensch richten soll: das Gute, Wohlgefällige und Vollkommene. Im Detail kann das zu zahllosen Auflistungen führen, die für unsere Zeit ohne Beschränkung erweitert werden können. Ein Mensch, der eine innere Verbindung zum Geist Gottes hat, entscheidet stets, wie sich

Das Herz ...

ist im umgangssprachlichen Gebrauch nicht als Organ, sondern als der seelische Bereich des Menschen verstanden, der von der Liebe und dem Guten geprägt ist. *Mit dem Herzen* zu sehen oder zu denken nimmt die Fähigkeit des Menschen auf, zu sich selbst und zu anderen in einer guten Beziehung zu stehen. Im Sozialen gestaltet das Seelische ein positives Umfeld.

Miteinander statt gegeneinander zu sein, ist die soziale Seite des Herzens. Die Nachfolge Jesu besteht darin, seinem Vorbild nachzufolgen — nicht aus eigene Kraft, sondern in der Kraft des Heiligen Geistes Gottes.

Der innere Mensch ist ein Charakter, der von dem Guten und Vollkommenen geprägt ist.

das Gute in seinem Alltag konkretisieren kann. Am Ende des Weges steht ein Charakter, der im Einklang mit dem Geist Gottes steht. Bis zum Erreichen dieses Ziels tobt ein spiritueller Kampf.

Das Leben ist nicht nur Frieden und Seeligkeit, sondern immer auch Kampf. Jeder Mensch erlebt Niederlagen, aber auch Siege. In diesen Erfahrungen entfaltet sich der innere Mensch und wächst. Man könnte fast sagen, dass im Herzen des Menschen ein Schlachtfeld ist, auf dem der Kampf um das Gute stattfindet. Immer wieder werden die Sinne von schädlichen und unsozialen Einflüssen heimgesucht - und manchmal unterliegen sie diesen. Doch jeder kleine Sieg des Guten und Vollkommenen bringt den inneren Menschen ein Stück weiter und stärkt seine Willenskraft. Das Überwinden von Widerständen lässt eine innere Kraft erwachsen, die in zukünftigen Konflikten hilft.

Für den Apostel Paulus hat die positive Entwicklung des inneren Menschen mit dem Heiligen Geist Gottes zu tun, der im Charakter einer Person Raum gewinnen kann: „Die Frucht aber des Geistes ist Liebe, Freude, Friede, Geduld, Freundlichkeit, Güte, Treue, Sanftmut, Keuschheit; gegen all dies steht kein Gesetz" Galater 5,22). Eine gewisse Dualität zum Leiblichen ist nicht zu leugnen, wenn auch bei Paulus das „Fleisch" eine spirituelle Kategorie ist, in der das gottlose, weltliche Leben fällt. So kann er davon sprechen, das „Fleisch zu kreuzigen samt den Leidenschaften und Begierden" (Galater 5,21).

Wir können den Gedanken einer Leibfeindlichkeit für uns heute nicht aus den Texten ableiten, sondern sehen sowohl leibliche als auch psychische negative Einflüsse als schädliche Elemente für das Wachstum des inneren Menschen an.

Nächstenliebe

Der wichtigste Baustein in der Nachfolge eines Lebens Jesu Christi ist die Nächstenliebe. Sie setzt voraus, dass alle Menschen Anteil an einem unsichtbaren Leib Christi selbst haben. Wer einem anderen Menschen in Liebe begegnet, begegnet in diesem Geschehen Christus selbst. In einem Gleichnis über das Weltgericht lässt der Evangelist Matthäus Jesus die Schlussfolgerung ziehen: „Wahrlich, ich sage euch: Was ihr getan habt einem von diesen meinen geringsten Brüdern, das habt ihr mir getan… . Wahrlich, ich sage euch: Was ihr nicht getan habt einem von diesen Geringsten, das habt ihr mir auch nicht getan" Matthäus 25, 40.45.

In den Gleichnissen vom Weltgericht gehen die neutestamentlichen Verfasser davon aus, dass es eine Kontinuität des inneren Menschen auch über den Tod hinaus gibt. Taten der Nächstenliebe sind also nicht mit dem Ableben einer Person vergangen, ebenso wenig wie die Taten von unterlassener Hilfe oder böse Taten, die das individuelle wie auch soziale Leben zerstören.

Es stellt sich für uns die Frage, ob ein Weltgericht bloß die Beurteilung guter und böser Taten einer Person darstellt, oder ob es nicht um einen weiter reichenden Horizont geht: Das Gute, Wohlgefällige und Vollkommene hat einen bleibenden Wert, der unsterblich ist. Auch der Gedanke der Läuterung spielt in diesem Zusammenhang eine Rolle.

Der innere Mensch entwickelt sich durch die Taten der Nächstenliebe auf das Vollkommene hin. Verbunden mit dem Gedanken der Unsterblichkeit der Seele ist das Gute schon jetzt Teil der unsichtbaren Welt, die bereits existiert und Teil einer unsterblichen Zukunft ist. Diese Vorstellung geht über jeden bloßen Belohnungsgedanken hinaus. Sie ist Teil einer Theorie von Allem.

Hindus ...

glauben, dass der Tod zugleich ein Neubeginn ist, denn er bedeutet nicht das Ende des Lebens, sondern den Übergang in ein Neues. Der Kreislauf der Wiedergeburt ist abhängig von der Anzahl der guten Taten, die ein Mensch während seines Lebens getan hat.

Wird die Seele als Mensch wiedergeboren, besteht für den Hindu die Möglichkeit, dem Kreislauf der Wiedergeburt zu entkommen. Diese Befreiung (Moksha) ist das Ziel des menschlichen Lebens, worüber es keine einheitlichen Vorstellungen gibt. Auf dem Weg dorthin spielt die Liebe zu Gott, das Wissen und die selbstlosen Taten der Nächstenliebe eine wichtige Rolle, ebenso wie die Meditation.

Im *Vaishnava Bhakti Yoga* geht es in der Erlösung nicht um die Einheit des Individuums mit dem Brahman, sondern um Teilhabe und Gemeinschaft mit Gott. Diese Richtung im Hinduismus kommt der christlichen Vorstellung sehr nahe.

Gemeinschaft der Heiligen

Der kirchliche Begriff der Gemeinschaft der Heiligen, der auf die *communio sanctorum* zurückgeht, bezeichnet die Gemeinschaft aller lebenden und verstorbenen Christen als Teil der Kirche und des mystischen Leibes Christi. Dabei ist immer schon an eine andere Dimension gedacht als an eine sichtbare, verfasste Kirche.

In der katholischen Kirche spielt der Gedanke eine wichtige Rolle, dass auch die Taten der Heiligen der Gemeinschaft des Leibes Christi insgesamt zugute kommen. Es wird "kein gutes Werk, kein Tugendakt von einzelnen Gliedern vollbracht, der nicht infolge der Gemeinschaft der Heiligen auch der Gesamtheit zugute käme". [1]

Ich möchte an dieser Stelle nicht auf die Besonderheit der katholischen Kirche eingehen, die im Zusammenhang mit den guten Taten der heilig gesprochenen Menschen aufgestellt worden sind und nicht von anderen christlichen Kirchen geteilt worden sind. Aber die Vorstellung, dass die Seelen im Jenseits als ein soziales Gefüge existieren, entspricht allen biblischen Gedanken über die Kontinuität des menschlichen Ichs und dem bleibenden Wert der Taten der Nächstenliebe.

Alphonse Gratry, der französische Priester, Kirchenkritiker und Pazifist fasste das soziale Miteinander in dieser unsichtbaren Gemeinschaft folgendermaßen zusammen: "Die Seelen finden sich in Gott, tragen sich und wohnen ineinander durch eine innere, wirklichere Gastfreundschaft als die äußere. Sie teilen ihre Schätze und Kräfte sich mit, sie sagen mit Christus und Gott untereinander: All das Meinige ist ja dein und all das Deinige mein, und ich bin in ihnen verherrlicht" (Jo17,10).[2] In diesem Verständnis ist das Jenseits kein Ort der Vereinzelung, sondern der sozialen Gemeinschaft in ihrem vollen Sinn.

Christusidentität

Ich möchte am Schluss meiner Betrachtungen noch einmal einen Gedanken aufgreifen, der schon mehrfach eine Schlüsselrolle in meinen Betrachtungen eingenommen hat. Ich verstehe das Christentum als einen Prozess der Teilhabe an Christus. In der Gemeinschaft aller Glaubenden wird diese Teilhabe auf eine soziale Größe erweitert: die Gemeinschaft der Heiligen. Alle Erfahrungen von Menschen, die Nahtoderlebnisse hatten, weisen darauf hin, dass das Bewusstsein nicht im Modus der Vereinzelung existiert, sondern immer in seinen sozialen Bezügen. Warum sollte dies in der Fortsetzung jeglicher Existenz anders sein?

Im christlichen Gedanken von der communio sanctorum laufen in Christus alle Fäden zusammen. Er stellt das Haupt des Leibes dar. Teilhabe an Christus bedeutet selbstverständlich auch die Anteilhabe an dem, was Jesus zu Lebzeiten getan hat: Seine guten Taten; sein Sterben als unschuldiges Opfer; seine Vergebung, die er sogar seinen Peinigern zugesprochen hat. Dieser Aspekt bringt nun einen Gedanken mit sich, der im Neuen Testament eine wichtige Rolle spielt und in einem gewissen Gegensatz zu der Vorstellung von einem Weltgericht Gottes steht: Wer an Christus glaubt, kommt nicht in das Gericht! So sehr das Gericht nach den Werken auch eine Rolle in der allgemeinen Denkwelt der Bibel spielt, um so mehr geht es um die Befreiung eben davon.

> *Wer mein Wort hört und glaubt dem, der mich gesandt hat, der hat das ewige Leben und kommt nicht in das Gericht, sondern er ist vom Tode zum Leben hindurchgedrungen.*
>
> *2. Kor. 4,16*

Es gibt offenbar kein Jenseits, das für alle Menschen gleich ist. So subjektiv, wie das Bewusstsein ist, so individuell ist die Welt, in der wir leben. Aber in jedem Fall liegt in der Subjektivität die Wahrheit für einen jeden einzelnen von uns.

Für mich bedeutet mein Glaube an Christus eine Teilhabe an seinem Leben, seinem Angebot der Versöhnung und seiner Zukunft. Der Kosmos entwickelt sich auf ein Ziel hin und ich bin ein Teil davon. In der Gemeinschaft des Glaubens bleibe ich mit all den Menschen verbunden, die in der Liebe Christi einen Leib bilden. Unser Kreis wird sich im ewigen Bewusstsein Gottes schließen. Es gibt ein Wiedersehen mit allen Lieben, die von uns gegangen sind, im Glauben, in der Liebe und in der Hoffnung

- jetzt und in alle Ewigkeit.

Anmerkungen
und Literaturangaben

Seite 9:

1. Veröffentlicht auf https://de.statista.com/statistik/daten/studie/277029/ umfrage/glauben-an-ein-leben-nach-dem-tod

Seite 11:

1. Brian Greene, Bis zum Ende der Zeit. Der Mensch, das Universum und unsere Suche nach dem Sinn des Lebens, 2.Auflage 2020, Siedler-Verlag München, S.20.

2. Stephen Hawking, DIE ILLUSTRIERTE KURZE GESCHICHTE DER ZEIT, Hamburg, Sonderauflage 2001, S.233

Seite 13:

1. N.M.Wildiers, Aus dem Vorwort der französischen Ausgabe. In: Pierre Teilhard de Chardin, Der Mensch im Kosmos (Le Phénomène humain), München 1994, unveränderter Nachdruck der deutschen Ausgabe von 1959, S. 13, 14.

Seite 14:

1. Pierre Teilhard de Chardin, Briefe an eine Marxistin, Olten und Freiburg im Breisgau 1971, S. 63, 64.

Seite 19:

1. Schott, Albert: Das Gilgamesch-Epos. Stuttgart: Reclam-Verlag 1963

2. Belegt in der Bibliothek des Assyrerkönigs Assurbanipal, 669–631/627 v. Chr. Die Tafeln befinden sich heute im Irak.

Seite 21:

1. Der Codex von Aleppo (um 920 nach Christus) war die älteste vollständig erhal tene Handschrift der hebräischen Bibel. Leider wurde sie 1947 beschädigt. Sie ist aber in wissenschaftlichen Textausgaben enthalten. Dennoch vermu tet man, dass die Texte bereits im 6. Jahrhundert vor Christus vorhanden gewesen sind, manche der Texte sogar im 9. Jahrhundert vor Christus.

2. Stephen Greenblatt, Die Geschichte von Adam und Eva. Der mächtigste Mythos der Menschheit. Aus dem Englischen von Klaus Binder, München 2018, Originalausgabe: New York 2017, Prolog: Im Gotteshaus

Seite 23:

1. Stephen Greenblatt, Die Geschichte von Adam und Eva, ebd.

Seite 31:

1. Brian Greene, Bis zum Ende der Zeit, s.o., S.19f.

Seite 33

1. Brian Green, Bis zum Ende der Zeit, s.o., S.50f.

2. Brian Green, Bis zum Ende der Zeit, s.o., S.59

Seite 34:

1. Jakob D.Bekenstein, Das holographische Universum, in: Spektrum Magazin 1.11.2003

Seite 35:

1. Erwin Schrödinger, Was ist Leben?, Piperverlag München 1987, Originalausgabe Cambridge 1944, Einführung von Ernst Peter Fischer
2. Erwin Schrödinger, Was ist Leben?, s.o., Erstes Kapitel: Der Lösungsversuch des klassischen Physikers, Abschnitt 6

Seite 36:

1. Erwin Schrödinger, Was ist Leben?, s.o., Erstes Kapitel: Der Lösungsversuch des klassischen Physikers, Abschnitt 7
2. Erwin Schrödinger, Was ist Leben?, s.o., Erstes Kapitel: Der Lösungsversuch des klassischen Physikers, Abschnitt 12

Seite 37:

1. Erwin Schrödinger, Was ist Leben?, s.o., Drittes Kapitel: Mutationen, Abschnitt 22
2. Erwin Schrödinger, Was ist Leben?, s.o., Abschnitt 57
3. Erwin Schrödinger, Was ist Leben?, s.o., , Kapitel 6: Ordnung, Unordnung und Entropie, Abschnitt 57

Seite 38:

1. Erwin Schrödinger, Was ist Leben?, s.o., Kapitel 7: Beruht Leben auf physikali schen Gesetzen?, Abschnitt 65)
2. Erwin Schrödinger, Was ist Leben?, s.o., Epilog

Seite 47:

1. Nino Lopes, Annalena Reimann, in: Was passiert, wenn wir sterben? Nahtoder fahrene berichten über ihre Reise ins Jenseits. BILD-Dokumentation vom 8.7.2021

Seite 48:

1. Jeffrey Long mit Paul Perry, Beweise für ein Leben nach dem Tod, 3.Auflage 2010, Arkana-München, Goldmann, S.221
2. Raymond Moody, Leben nach dem Tod: die Erforschung einer unerklärlichen Erfahrung, 34. Auflage, Rowohlt, Reinbek bei Hamburg 2002. Originaltitel: Life After Life, 1. Auflage der dt. Ausgabe erschien 1977

Seite 50:

1. Pim van Lommel, Endloses Bewusstsein: Neue medizinische Fakten zur Nahtod erfahrung, Walter Verlag Mannheim, 3. Auflage 2010, S.151 ff

Seite 51:

1. M. Schröter-Kunhardt, Das Jenseits in uns, in: PSYCHOLOGIE HEUTE 6/1993, S.64-69

Seite 53:

1. Pim van Lommel, Endloses Bewusstsein, s.o., S.279
2. M. Schröter-Kunhardt, Nah-Todeserfahrungen aus psychiatrisch-neurologischer Sicht, in: Soeffner H-G, Knoblauch (Hrsg.), Todesnähe: Interdisziplinäre Zugänge zu einem außergewöhnlichen Phänomen. Universitätsverlag Kon stanz, Konstanz 1999, S.65-99

3. M. Schröter-Kunhardt, Nah-Todeserfahrungen, s.o., S.99.

4. Vorgeschmack aufs Jenseits? Von Michael Hollenbach | 22.07.2021 Deutsch
    landfunk

Seite 54:

1. M. Schröter-Kunhardt, Nah-Todeserfahrungen , s.o., IV. Interdisziplinär-
    anthropologischer Ausblick

Seite 55:

1. Eben Alexander, Blick in die Ewigkeit. Die faszinierende Nahtoderfahrung eines
    Neurochirurgen, Ansata-Verlag München, 2012, Kapitel 5: In der Unterwelt

Seite 56

1. Maurice S.Rawlings, Zur Hölle und zurück, C.M.Fliß, 1996.

Seite 58:

1. Eben Alexander, Blick in die Ewigkeit, s.o., Kapitel 7: Die kreisende Melodie und
    der Übergang

Seite 59:

1. Eben Alexander, Blick in die Ewigkeit, s.o., Kapitel 9: Das Zentrum

2. ebenda

Seite 60:

1. Bruce Greyson, Incidence and correlates of near-death experiences in a cardiac
    care unit, in: General Hospital Psychiatry 25, S.269ff.

Seite 62:

1. INGO GENTNER, Ich war tot und landete in der Hölle, Artikel in BILD am
    20.11.2020

2. Aus esoterischer Sicht beschreibt dies Daniel Meurois, Parallele Universen: In
    meines Vaters Haus sind viele Wohnungen (German Edition) (S.59). Verlag
    "Die Silberschnur", Kindle-Version

Seite 67:

1. Pim van Lommel, Endloses Bewusstsein, s.o., S.202.

2. Pim van Lommel, Endloses Bewusstsein, s.o., S. 208f.

Seite 68:

1. Matthias Eckoldt, Deutschlandfunk Kultur, 14.08.2014

2. Christoph von der Malsburg, Professor für Neuroinformatik am Frankfurt Insitu
    te for Advanced Studies in: Matthias Eckoldt, Deutschlandfunk Kultur, s.o.

Seite 70:

1. Fred Alan Wolf, Die Physik der Träume. Von den Traumpfaden der Aborigines
    bis ins Herz der Materie, dtv-Verlagsgesellschaft 1997

2. Fred Alan Wolf, Die Physik der Träume, s.o., S.183ff

Seite 71:

1. Fred Allen Wolf, Physik der Träume, s.o., S.189

2. Tanja Scagnetti-Feurer, Religiöse Visionen, Königshausen u. Neumann, Würz
    burg 2004, S.31.

Seite 72:

1. Aus der esoterischen Sicht: Meurois, Daniel. Parallele Universen: In meines Va
ters Haus sind viele Wohnungen (German Edition) (S.45). Verlag "Die Sil
berschnur". Kindle-Version.

2. Anselm Grün, Vom spirituellen Umgang mit Träumen, Kreuz Verlag Freiburg
2014, 1.Einleitung

Seite 73:

1. Reinhold Leinfelder, in: Wie soll die Wissenschaft mit Esoterik umgehen?,
Helmholz-Institut Online 2014

3. Tanja Scagnetti-Feurer, Religiöse Visionen, s.o., S.31

Seite 74:

1. Godehard Brüntrup, Überall Geist, Herder Korrespondenz 9/2017 S. 44-47,
Essays

Seite 77:

1. Brian Greene, Die verborgene Wirklichkeit. Paralleluniversen und die Gesetze
des Kosmos (German Edition) . Siedler Verlag, Kindle-Version 2013

2. Brian Greene, Die verborgene Wirklichkeit, s.o.

Seite 78:

1. Brian Greene, Die verborgene Wirklichkeit, s.o., Kapitel 7

Seite 81:

1. Brian Greene, Die verborgene Wirklichkeit, s.o., Kapitel 5

2. Ebenda

Seite 82:

1. Ebenda

2. Brian Greene, Die verborgene Wirklichkeit, s.o., Kapitel 9

Seite 83:

1. Matthias Matting, Die Welt als Hologramm, in: Telepolis. Wissenschaft
10.2.2017

Seite 84:

1. Jakob D. Bekenstein, Das holographische Universum, s.o.

Seite 89:

1. Vgl. Daniel Meurois, Parallele Universen, s.o., S.138

Seite 91:

1. Hans Kessler, Was kommt nach dem Tod?, Butzon & Bercker; 3. Auflage 2014

Seite 92:

1. Ebenda

Seite 94:

1. Ulrich Körtner, Der inspirierte Leser. Zentrale Aspekte biblischer Hermeneutik,
Vandenhoeck & Ruprecht 1994, S.15

Seite 95:

1. Ebenda

Seite 95:

2. Paul Ricoeur, Philosophische und theologische Hermeneutig: der./E.Jüngel, Metapher. Zur Hermeneutik religiöser Sprache, München 1974, S.28

3. Ulrich Körtner, Der inspirierte Leser, s.o., S. 60

Seite 96:

1. Paul Tillich, Systematische Theologie I-II, Berlin, Boston: De Gruyter, 2017 , S.109

2. Gershom Sholem, Judaica, Suhrkamp-Verlag 1963

Seite 98:

1. SyrBar 4,1-7 zitiert nach der Übersetzung von A.F.J. Klijn, JSHRZ V/2, 124f.

Seite 106:

1. Papst Pius XII., Mystici corporis christi, Nr. 89

2. Alphonse Gratry: Weisheit des Glaubens, 9. Auflage 1926, Verlag Kösel-Pustet München, S. 213